차이나는
복의
클래스

KB193194

Heavenly Blessings
in Your Life

차이나는
복의
클래스

이구영 지음

나무&가지

여는 글

●

감사한 것뿐입니다.

심은 것에 비해서 너무나 많은 혜택을 누리며 살고 있습니다. 그 이유를 찾고 싶어도 마땅히 찾아낼 길이 없어서 '은혜'라고 표현하나 봅니다.

어느 날 문득 이런 생각이 들었습니다.

'내가 이렇게 행복하게 살아도 되나?'

때로는 엄지손가락을 치켜세우고 "하나님 최고!"라고 고백할 때도 있습니다. 덤(보너스)으로 주시는 선물이 너무나 많습니다. 본래 주시려는 복도 주셨지만, 달라고 하지 않은 것까지도 너무나 많이 주셨습니다.

큰 걱정 없이 웃으면서 사는 비결을 나누고 싶어서 몇 주 동안 말씀을 정리하였습니다. 그 말씀을 사랑하는 생명나무교회 성도들에게 먼저 나누고, 보내주시는 곳에서도 하나님의 자녀들에게 전했습니다. 그러던 어느 날, 최하진 교수님께서 더 많은 이들에게 전해야 한다고 말씀하시면서 그러려면 책으로 만들어야 한다고 하셨습니다. 그래서 그 책을 읽고 누군가 한 사람이라도 하나님과 더욱 친해지고 그분이 주시는 복을 누리면 그게 사명을 감당하는 것이라고, 더 좋은 것이라고 말씀하셨습니다. 그래서 글을 정리하게 되었습니다. 원고를 꼼꼼히 살펴 졸작을 걸작으로 만들어주신 지은정 편집자님께 감사를 드립니다. 책을 아름답게 디자인해주신 김한희 디자이너님과 출판에 관한 모든 사역을 도와주신 김영선님께도 감사를 드립니다. 추천의 글을 써주신 최하진 교수님과 친구 김병삼 목사님께도 감사를 드립니다.

무엇보다도 사랑을 가르쳐주시고 여기에 이르게 하신 하나님께 감사를 드립니다. 돌아가신 어머니 강은희 권사님과 살아계신 아버지 이문승 권사님께도 감사드립니다. 그리고 부족한 이 사람과 함께 살아온 피를 나눈 형제들과 사랑하는 아내 허윤아, 딸 수정, 아들 성훈에게 감사를 전합니다. 생명나무교회의 가족들이 있기에 삶이 의미가 있고, 생명나무교회의 목사임이 믿어지지 않을 만큼 감사할 때도 많기에 삶을 나누는 생명나무 공동체에게 감사를 드립니다.

제가 쓴 독창적인 이야기는 많지 않습니다. 먼저 고민하고 아파하며 글을 만들어주신 분들의 많은 생각들을 참고했습니다. 모두에게 감사할 뿐입니다. 많은 사람들이 이 이야기들을 통해서 하나님께 더 가까이 가는 하나님의 자녀가 되기를 소망합니다. 이 이야기들을 통해서 예수님을 닮아가며 덤을 누리는 사람들이 되기를 소망합니다.

2018년 12월, **이구영** 목사

 사랑하는 친구 이구영 목사님의 책 『차이나는 복의 클래스』 추천사를 쓰게
되어 기쁘게 생각합니다. 추천사를 쓰면서 성경에 있는 예수님의 산상수훈을
다시 한 번 묵상해 보았습니다. 예수님의 산상수훈에 나오는 '팔복'은 그리스
도인이라면 매우 익숙한 말씀일 것입니다. 그런데 이 말씀을 읽으면서 이런
의문을 갖게 됩니다.

 '이게 진짜 복이야?'

 맞습니다. 예수님이 말씀하시는 복은 우리가 생각하는 복과는 조금 다릅
니다.

 여러분은 '복'이 무엇이라고 생각하십니까? 흔히 물질이나 눈에 보이는 복
을 생각하기 마련이지요. 그런데 저는 이 말씀을 묵상하면서 복은 단순히 하
늘에서 내려주는 것이 아니라, 우리들에게 주어진 것을 복으로 만드는 거란
생각이 들었습니다. 그러니 똑같은 상황 가운데 있을지라도 어떤 사람은 복
된 삶을 누리고, 어떤 사람은 저주의 그늘에서 살아가는 것이 아닐까요?

 그런 의미에서 볼 때 이 책의 저자인 이구영 목사님은 프롤로그의 고백처

럼 자기에게 주어진 삶을 복되게 살아가는 사람입니다. 삶의 작은 조각까지도 복으로 알고 감사하며 누릴 줄 아는 사람입니다.

이 책에는 말씀을 전하는 목사인 동시에 세상을 살아가는 한 사람의 기독교인으로서 저자의 고민이 담겨 있습니다. 저자는 성경에 나타난 복의 의미, 말씀을 통해 깨달은 묵상만이 아니라 이와 더불어 자신의 삶의 이야기를 흥미로우면서도 진지하게 다루고 있습니다. 한 장 한 장 읽어 나갈 때마다 이천 년 전 갈릴리 어디쯤에서 수많은 사람들과 제자들에게 진정한 복에 대해 말씀하시는 예수님의 마음이 그대로 전해지는 것 같습니다.

하나님께서 이구영 목사님을 통해 들려주시는 귀한 이야기가 책으로 나오게 됨을 진심으로 기쁘게 생각합니다. 앞으로 더 많은 사람들이 이 책을 읽으며 하나님께서 말씀하시는 은혜와 복을 누리는 삶을 살아가시길 바랍니다.

김병삼

만나교회 담임목사
『치열한 도전』, 『사랑이 먼저다』, 『교회가 이 땅의 소망입니다』의 저자

추천사 2

●

평소 존경하고 사랑하는 이구영 목사님으로부터 『차이나는 복의 클래스』라는 책의 추천사를 부탁받았을 때, 바로 성경을 펴들어 마태복음 5장을 읽기 시작했습니다. 너무나 익숙한 예수님의 첫 설교, 산상수훈! 그러나 저는 그분의 설교를 읽기도 전에 첫 도입부인 5장 1절, '예수께서 무리를 보시고 산에 올라가 앉으시니 제자들이 나아온지라'에서 두 단어가 대조되며 제 영혼의 밑바닥에서부터 강력한 진동을 느꼈습니다. 예수님께서는 나에게 이런 질문을 하시는 것이었습니다.

"무리인가, 제자인가?"

무리는 많지만 제자는 참으로 희귀한 이 시대에 저는 진정한 제자를 만났습니다. 약 15년 전 무더운 여름, 청소년 수련회 강사로 초청받은 적이 있었는데, 이것을 계기로 이구영 목사님을 알게 되었고 그 이후 꾸준하게 교제하며 지금에 이르렀습니다. 그는 마치 오랫동안 장작불로 푹 우려낸 사골국물의 맛, 구수함과 진솔함 그리고 충만함이 느껴지는 분입니다. 이구영 목사님을 보면 마치 산 위에 올라 예수님 말씀에 귀 기울이려고 하였던 2천 년 전

차이나는 복의 클래스

제자의 원형 같은 형상을 보는 듯합니다. 말씀대로 살아가며 말씀대로 복음을 전하시는 그 모습 때문에 수많은 교회에 신앙의 도전과 강력한 영향력을 미치고 있는 분입니다.

저는 참으로 기쁨을 감출 수가 없습니다. 기독교 역사적으로 볼 때도 너무나 어수선한 시대에 살고 있는 이때에 균형 잡힌 신앙의 가이드라인 같은 책이 나오게 되었기 때문입니다. 목회자라면 시리즈 설교를 안 해본 분이 없으며, 성도라면 귀가 따가울 정도로 많이 들어온 설교가 바로 예수님의 산상수훈이요 팔복에 대한 내용일 것입니다. 그러나『차이나는 복의 클래스』는 예수님의 말씀을 따라 삶으로 우려낸 스토리가 있기에 파워풀하며, 저자의 솔직한 고백과 체험이 담겨 있습니다. 허공에 맴도는 메시지가 아니라 우리의 가슴을 파고드는 진국 같은 메시지들로 지면을 채우고 있습니다.

오랜만에 신앙생활의 교본과 같은 훌륭한 책을 발견하여 기쁘고, 내 삶을 조명하는 책을 읽게 되어 감사합니다. 그리고 저자를 통해 이 땅의 모든 그리스도인들에게 진정한 복을 누릴 수 있는 가이드라인을 내려주신 하나님께 영광을 올립니다. 계속하여 영향력 넘치는 저서들이 출간되어 많은 무리가 진정한 제자들로 변화 받는 천국의 사람들이 이 땅에 가득해지길 소원합니다.

최하진
만방국제학교 설립자
『세븐파워교육』, 『자녀를 빛나게 하는 디톡스교육』의 저자

목차

•

•

원 플러스 올(One + All)

"예수를 믿으면 99.9%도 아닌 100%의 복을 받으며 살게 됩니다!"

이런 이야기를 하면 어떤 성도들은 나에게 묻는다.

"그런데 목사님, 저는 교회 다닌 지 30년이나 되었는데 아직도 왜 이렇게 지지리 궁상을 떨며 사는 걸까요?"

그럴 때마다 나는 대답한다.

"그럴만한 이유가 있지요. 여러분이 받고 싶은 복과 하나님께서 주시려는 복이 엄청난 차이가 나서 그렇습니다."

가만히 생각해보자.

"나는 무슨 복을 받으며 살고 싶은 것일까?"

우리는 대한민국이라는 비기독교국가에 살고 있다. 주일날 교회에 나가 예배를 드리는 성도들의 숫자가 국민의 10%도 되지 않는 나라다. 게다가 일주일, 즉 168시간 중 대부분의 시간을 비성경적인 사고를 하는 사람들과 함께 살아간다. 167대 1의 법칙이다. 이러니 일주일에 고작 한 시간 정도 교회에 나와 있다고 해서 내 생각이 성경적으로 바뀌겠는가. 그러므로 날마다 집에서 성경을 읽지 않으면 기독교적인 사고를 할 수 없다. 주일에 오후예배까지 드리고 새벽기도회를 나온다 해도 교회에서 예배를 드리는 시간은 10시간도 채 되지 않는다. 어지간히 믿음이 좋아 보여도 160대 8인 셈이다.

우리는 삶의 대부분을 성경이나 하나님과 관계없이 살아가고 있다. 그래서 우리의 생각은 쉽게 바뀌지 않는다. 교회를 아무리 오래 다녀도, 모태신앙이라고 해도 성경을 읽지 않으면 우리의 생각은 달라지기 어렵다. 또한 몸은 교회에 있지만 우리의 생각과 가치관, 기본 삶의 방향은 성경과 관계없이 살아가게 된다. 우리는 혼자 있을 때도 비기독교인들이 주로 만들어 내는 매스컴의 영향을 받고 있다. 드라마, 예능, 영화 속에서 비성경적인 생각들로 우리를 채우고 있는 것이다.

이러한 실정이니 당연히 성경이 이야기하고 있는 복과는 다른 복을 구하게 되는 것이다. 오래 사는 것, 부유하게 사는 것, 건강하게 사는 것, 덕 있게 사는 것, 아프지 않고 멋지게 죽음을 맞이하는 것 등등. 이 같은 것들은 성경적인 복이 아니라 비성경적인 복의 개념이다. 자녀들이 사회에서 성공하고, 나의 삶이 아무런 걱정 없이 평안한 것 역시 성경적이라고 말할 수 없다.

다시 생각해보자.

"나는 무슨 복을 받고 싶은 걸까?"

당신이 받고 싶은 복은 도대체 무엇인가? 성경은 단 한 번도 돈을 복이라고 말한 적이 없다. 만약 돈이 그렇게 좋은 것이라면 왜 하나님께서 우리들에게 많은 재물을 허락하지 않으시겠는가. 물론 돈이 있으면 편하다. 그러나 불편함은 조금 사라지겠지만 돈이 우리에게 큰 행복만을 주는 것도 아님을 알아야 한다.

하나님께서 주시려는 복은 따로 있다. 예수님께서 이 땅에 오셔서 제일 처음 하신 설교가 복에 관한 설교다. 그것은 바로 모두가 알고 있는 '팔복'에 관한 것이다. 또한 복에 대해 정확하게 묘사하고 있는 본문 중에 하나가 바로 시편 1편이다.

> 복 있는 사람은 악인들의 꾀를 따르지 아니하며 죄인들의 길에 서지 아니하며 오만한 자들의 자리에 앉지 아니하고 오직 여호와의 율법을 즐거워하여 그의 율법을 주야로 묵상하는도다 시편 1:1~2

아무리 읽어봐도 돈을 준다는 이야기는 없다.

그런가 하면 구약에 나오는 이삭은 아주 큰 부자였다. 이삭에게는 두 아들이 있었는데, 장자의 이름은 에서이고 다른 아들의 이름은 야곱이다. 그동안 우리가 신앙생활을 해온 것으로 볼 때 대부분은 야곱의 복을 사모한다. 그런데 곰곰이 생각해보면 야곱은 오늘날의 복의 관점에서는 아주 많이 모자라는 사람이었다. 돈은 에서가 훨씬 많았다. 야곱은 20년 동안 객지 생활을 하면서 나름대로 돈을 많이 모으기는 했지만 에서에 비할 바는 아니었다. 야곱이 중산층이라면 에서는 재벌인 셈이다.

야곱이 방황하며 살다가 다시 집으로 돌아올 때 형 에서에게 지은 큰 죄가 생각나서 자신을 용서해 달라며 형에게 뇌물을 보낸 사건이 있다. 그 뇌물 목록이 창세기 32장에 나온다. 양과 염소와 낙타와 소를 뇌물로 보냈는데 그것들의 수가 얼마나 많았는지 모른다. 이 뇌물들이 오늘날의 시세로 따지면 얼마나 될까 궁금하여 축산물 공판장 홈페이지에 들어가서 오늘의 시세로 맞춰보니 약 7억 원 가까이나 되었다.

뇌물을 7억 원어치나 줄 정도면 야곱도 결코 가난한 것은 아니었다. 그런데 그 뇌물을 받은 형 에서는 크게 좋아하지 않았다. "이런 것은 우리 집에도 지천으로 깔려 있다!"라고 하면서 말이다. 이처럼 돈 많기로 따지면 야곱은 에서를 따라올 수 없었다. 그렇다면 당신은 재벌 에서가 좋은가, 중산층 야곱이 좋은가?

인간성에 대해서도 따져보자면 야곱은 철이 없고 자기밖에 모르는 사람이었다. 젊은 날에 아버지와 형을 속이고 형에게 맞아 죽을까 봐 도망자의 삶을 산 사람이 야곱이다. 어디 그뿐인가. 도망자의 생활을 하면서도 철이 덜 들어서인지 그는 여자의 뒤꽁무니를 따라다녔다. 무려 14년 동안이나 라헬이란 여자에게 미쳐서 산 것이다. 라헬만 좋아했던 것도 아니다. 라헬을 사랑하면서도 레아, 빌하, 실바라는 세 여자와도 같이 살면서 딸을 제외하고도 아들만 10명을 낳았다. 그게 바로 야곱이다.

정직하고 의로운 사람이 야곱이라고 생각한다면 이 또한 큰 오산이다. 야곱은 아내와 자녀가 많아지자 돈이 많이 필요했다. 열심히 일해서 돈을 벌고 싶었지만 마땅치 않았다. 그래서 당시 최고 부유한 사람 중 하나였던 라반을 찾아가는데, 라반은 야곱의 외삼촌이자 장인이었다. 요즘 말로 하면 야곱은 '라반 주식회사'의 회장이었던 라반에게 통사정을 해서 목축업을 하는 자그마한 자회사 하나의 최고경영자로 부임하게 되는 것이다.

야곱은 성실하게 일했지만 연봉이 너무 적었다. 그래서 이런저런 방법을 써서 라반 회장의 지분을 서서히 가져오기 시작한다. 그러던 어느 날 그 모든 범죄가 들통나게 되는데, 정당하고 정직했더라면 도망치지 않았겠지만 야곱은 비겁하게 숨어서 남의 발뒤꿈치를 잡아 넘어뜨리고 살아왔던 날들의 죄가 드러날까 봐 도망을 친다. 그게 바로 야곱이다.

외모는 또 어떠한가. 에서는 일찍부터 가나안 여자들에게도 인기가 좋아서 따르는 여자들이 많았다. 요즘으로 말하면 학교에서 여학생들 사이에 인기가 꽤 많아 회장 선거에 늘 입후보한 사람인 셈이다. 그러나 야곱은 입후보 자체가 불가능했던 인기 없는 사람이었다.

그뿐만이 아니다. 야곱이 130세가 되었을 때 그의 아들 요셉이 애굽의 국무총리가 되었는데, 애굽 왕 바로가 요셉의 아버지 야곱이 애굽에 왔다는 말을 듣고 진수성찬을 준비하고 야곱을 초대하였다. 그날 요셉은 황송한 마음에 야곱에게 좋은 옷을 입히고 화장도 멋지게 해드리고 헤어스타일도 깔끔하게 해서 왕 앞에 모시고 갔다. 애굽 왕 바로도 어느 정도 기대를 하고 있었다. 그 당시 요셉의 나이가 아무리 많아도 40세가 되지 않았을 때니, 요셉의 아버지의 나이는 어느 정도 되겠다고 견적을 내고는 식사 장소에서 기다렸을 것이다. 멋진 아저씨가 들어올 줄 알았는데, 웬 꼬부랑 할아버지가 팍 삭은 얼굴로 들어왔을 때, 애굽 왕 바로는 너무나 실망해서 자그마한 소리로 묻는다.

"노인장, 연세가 얼마나 되십니까?"

바로 왕의 질문을 받은 야곱은 자신이 나이보다 더 들어 보인다는 것을 눈치채고는 이렇게 이야기한다.

"예. 내 나그네의 세월이 130년인데 내 열조들에 비해 험악한 인생을 살다 보니 얼굴이 이렇게 되었습니다."

그게 바로 야곱이다. 당신은 나이보다 더 들어 보이는 것이 좋은가, 덜 들어 보이는 것이 좋은가? 70세에 동네 노인정에 놀러갔더니 80세 넘은 노인들이 일어서서 인사하고는 연세가 몇이나 되셨냐고 물어보면 좋겠는가?

돈 많기로도, 외모로도, 인생의 풍요로도 야곱이 아니라 에서가 더 나은 사람이다. 그렇다면 당신은 에서처럼 살고 싶은가, 야곱처럼 살고 싶은가? 에서가 좋은가, 야곱이 좋은가? 당신의 자녀가 야곱과 에서 중 누구를 닮았으면 좋겠는가?

그렇다면 성경은 왜 야곱을 복 받은 사람이라고 하는 것일까?

여호와께서 이르시되 내가 너희를 사랑하였노라 하나 너희는 이르기를 주께서 어떻게 우리를 사랑하셨나이까 하는도다 나 여호와가 말하노라 에서는 야곱의 형이 아니냐 그러나 내가 야곱을 사랑하였고 에서는 미워하였으며 그의 산들을 황폐하게 하였고 그의 산업을 광야의 이리들에게 넘겼느니라 말라기 1:2~3

하나님의 사랑하심이 야곱에게 집중되어 있음을 기억해야 한다. 그렇다고 해서 그가 처음부터 모든 복을 다 타고난 사람이 아니었음을 잊어서는 안 된다. 돈이 없어도, 외모가 모자라도, 덕이 부족해도 하나님은 야곱에게 마음이

끌리셨고 그를 사랑하셨다.

신약성경에서 대표적으로 복 받은 사람을 꼽으라면 바울이 있다. 바울 사도는 참으로 큰 복을 받고 산 사람이다. 그런데 오늘날의 기준으로 보면 그는 예수 믿고 복 받은 사람이 아니라, 예수 믿고 쫄딱 망한 사람이다.

바울은 아주 좋은 도시에서 태어났다. 소읍이 아닌 큰 성 길리기아의 다소 시에서 태어났다. 당신은 산골이나 어촌처럼 시골에서 사는 것이 좋은가, 아니면 큰 도시에서 사는 것이 좋은가? 당신의 자녀가 신혼집을 차린다면 강남구 압구정동, 신사동, 논현동, 방배동 등으로 가는 게 좋은가, 아니면 강원도 삼척, 태백, 정선, 함백 등으로 가는 게 좋겠는가? 그런 곳에서 사는 분들을 무시하는 것이 아니라 도시 중심의 삶을 사는 현대인들은 솔직히 강원도보다는 강남을 선호하는 것이 사실임을 이야기하는 것이다. 강원도보다는 강남! 그게 우리 대부분의 마음임을 부인하기는 쉽지 않을 것이다.

그러니까 바울은 태어날 때부터 강남 같은 큰 도시에서 태어난 것이다. 또한 아버지가 부자였으며 당시 세계를 지배하던 로마 시민권을 가진 특별한 신분을 가진 사람이었다. 그뿐만 아니라 공부도 아주 잘했다. 바울의 시대는 유명한 스승님들 밑에서 공부를 하던 때였다. 소크라테스의 제자다, 플라톤의 제자다 하면서 으스대던 시대였던 것이다. 그런데 바울의 스승은 그 당시 최고의 스승이었던 가말리엘이었다. 가말리엘의 제자가 되려면 모세 5경을 다 외워야 한다는 일설이 있을 정도였다. 우리는 창세기 1장도 외우지 못하는데 창세기, 출애굽기, 레위기, 민수기, 신명기를 달달 외워야 가말리엘의 제자가 될 수 있었다는 것이다. 바울이 이처럼 유명한 가말리엘의 제자였으니

차이나는 복의 클래스

얼마나 뛰어난 인재 중의 인재요, 영재 중의 영재였겠는가.

바울은 서기관으로서 직업도 좋았다. 서기관들 중에서도 단순히 다른 사람의 글이나 성경을 베껴 쓰는 사람이 아니라 율법을 알고 그 율법을 해석하며, 지키지 않는 사람들을 잡아다가 재판까지 하는 판사였다.

요즘으로 치면 바울은 강남 8학군에서 부유한 재벌의 아들로 태어나 공부도 잘하고 사법고시에도 합격한 대법관 정도인 것이다. 지금까지의 평가 기준으로 따지면 바울은 복을 받아도 아주 큰 복을 받은 사람이다. 한마디로 복을 몰빵 당한 인물이라고나 할까.

그런데 그런 큰 복을 받은 것 같은 바울이 예수님을 알게 되고 천국의 비밀을 알게 된 후에 한 이야기가 무엇인지 아는가?

> 그러나 무엇이든지 내게 유익하던 것을 내가 그리스도를 위하여 다 해로 여길뿐
> 더러 또한 모든 것을 해로 여김은 내 주 그리스도 예수를 아는 지식이 가장 고상하
> 기 때문이라 내가 그를 위하여 모든 것을 잃어버리고 배설물로 여김은 그리스도
> 를 얻고 빌립보서 3:7~8

그 좋은 것들과 유익하던 모든 것들을 배설물같이 버렸다는 것이다. 왜일까? 그리스도를 아는 지식이 가장 고상하고, 그분을 얻고 그분의 나라에 갈 생각을 하니까 그 모든 것들이 너무나 하찮아 보였기 때문이다. 여기서 배설물같이 버렸다는 것은 어떤 의미일까? 배설물은 '똥'이다. 즉, 똥처럼 여기고 버렸다는 것이다. 아침에 화장실에서 똥을 싸고 난 다음 물을 내릴 때 아깝다

는 생각을 하는 사람이 있는가? '아, 이 귀한 게 내려가네. 아까워서 어쩌나. 어디 담을 데 없나?' 하고 말이다. 그게 바로 배설물이다. 뒤도 안 돌아보고 바로 물을 내려 버릴 수 있는 것! 바울이 과감하게 'flush!' 확 물을 내려 버린 그것! 얼마나 많은 사람들이 그것을 주우려고 애쓰는지 생각해보라.

여기서 다시 한 번 묻고자 한다.

"당신이 받고 싶은 '복'이라는 것은 대체 무엇인가? 그게 진짜 복인가? 하나님께서 주시고자 하는 것이 맞는가?"

이즈음에서 또 다른 질문도 가능하다.

"그러면 목사님! 기독교인들은 돈 벌기는 다 틀린 거네요?"

꼭 그렇지는 않다. 바로 '원 플러스 올', 즉 '덤'으로 더 주시는 복이 있기 때문이다. 하나님은 달라고 하지 않아도 주신다. 내가 구하지 않아도 내가 하나님의 마음에 합한 자가 되면, 하나님께서 주시려는 본질의 복을 구하고 받으려고 하면 달라고 안 해도 따라오는 것이 있다. 이것이 바로 One+All(순 우리말로 표현하면 '덤')이다.

> 그런즉 너희는 먼저 그의 나라와 그의 의를 구하라 그리하면 이 모든 것을 너희에게 더하시리라 마태복음 6:33

> But seek first his kingdom and his righteousness, and all these things will be given to you as well.

차이나는 복의 클래스

다윗의 아들 솔로몬은 다윗을 이어 이스라엘의 왕이 되었다. 솔로몬은 왕의 반열에 오를 자가 아니었다. 서열에서 한참 밀렸기 때문이다. 당시 다윗을 이어 왕이 될 사람은 아도니아였다. 아도니아는 부유한 부족의 공주인 어머니와 다윗 사이에서 태어났으며, 그의 주변에는 차기 대권의 덕을 보고 싶은 우수한 인재들이 모여들었다. 군대를 장악한 사람, 국회를 장악한 사람, 경제계를 장악한 거두들이 모여들었다. 호위병도 50명이나 데리고 다닐 정도였다.

그런데 하나님께서는 모든 것을 갖춘 아도니아가 아니라 별 볼일 없는 솔로몬을 왕으로 삼으셨다. 솔로몬은 감격했지만 동시에 너무나 불안했다. 왕이 되자마자 견고하지 않은 왕권을 세워야 했고 정치적, 군사적, 외교적으로 산적한 문제들을 해결해야 했기 때문이다. 능력 없고 의지할 곳 없는 솔로몬은 하나님을 찾아간다. 기브온에 있던 큰 예배당에 들어가서 양 천 마리를 제물로 드리며 오직 한 분 하나님의 뜻과 도우심을 간구한다.

이에 감동하신 하나님은 솔로몬의 꿈에 나타나셔서 그에게 물으셨다.

"어쩐 일이냐? 너 도대체 왜 이렇게 엄청난 재물과 정성을 내게 가지고 온 것이냐? 네 아버지 다윗도 이렇게까지는 안 했는데, 무슨 소원이 있기에 이같은 정성을 보이느냐?"

하나님의 물음에 솔로몬은 이렇게 대답한다.

"하나님! 제가 나이가 어리고 경험이 없어서 출입문도 제대로 찾을 수 없을 만큼 어리석은데, 나라는 크고 할 일은 많아 어찌해야 할지를 모르겠습니다. 그러니 하나님! 제발 저에게 지혜를 주세요. 하나님께서 허락하신 왕의 자리를 잘 감당하고 싶습니다."

솔로몬의 대답을 듣고 크게 감동하신 하나님은 이렇게 말씀하신다.

"어쩌면 너는 지혜를 구하느냐! 다른 사람들은 와서 늘 돈을 달라거나, 건강하게 해달라거나, 자녀들이 잘 되게 해달라고, 오래 살게 해달라고, 원수의 생명을 멸해달라고 하는데 어쩌면 너는 지혜를 달라고 하느냐?"

성경은 이에 대해 다음과 같이 표현하고 있다.

솔로몬이 이것을 구하매 그 말씀이 주의 마음에 든지라 열왕기상 3:10

하나님께서도 솔로몬에게 지혜를 주고 싶으셨는데, 그가 지혜를 구하니 너무나 좋으셨던 것이다. 그래서 이렇게 말씀하신다.

"알았다. 내가 너에게 세상 누구도 가져보지 못한 전무후무한 지혜를 줄 것이다. 그런데 지혜뿐만 아니라 네가 구하지는 않았지만 다른 사람들이 와서 늘 달라고 기도했던 돈과 명예와 장수와 원수의 생명까지도 다 주겠다."

여기에 '원 플러스 올!' 덤으로 얹어 주시는 복의 비밀이 있다. 달라고 하지 않으셔도 주시는 것이다. 하나님께서는 말씀하셨다. "먼저 그의 나라와 그의 의를 구하라! 그리하면 이 모든 것을 더하여 주시리라!" 더하여 주시는 복이 있었다.

몇 해 전, 강원도 시골의 한적한 마을에서 24시간 편의점에 들어간 적이 있다. 주위를 살핀 후 망설임 없이 음료수 한 병을 들고 계산대로 갔는데, 점원이 내가 고른 음료수의 바코드를 찍더니 계산대에서 나와서는 똑같은 음료수를 한 개 더 들고 자리로 돌아오는 것이 아닌가. 음료수 한 병의 금액을 지

차이나는 복의 클래스

불했지만 점원은 음료수 한 병을 더 내주었다.

"저는 한 개밖에 구입하지 않았는데요?"

"예, 압니다. 그런데 고객님이 선택하신 이 상품은 오늘 1+1 행사를 하고 있습니다. 그러니 하나를 더 가지고 가셔야죠."

편의점을 나오면서 내 입가에 미소가 번졌다. 그리고 그날 나는 생애 큰 깨달음을 얻었다. '살다보니 내가 생각지도 않은 선물이 따라올 때가 있구나. 달라고 하지 않아도 그냥 끼워 주는구나!' 계속 웃음이 나오고 행복감이 몰려왔다. 그때 예전에 읽었던 성경구절 하나가 내 마음에 자리잡았다.

그런즉 너희는 먼저 그의 나라와 그의 의를 구하라 그리하면 이 모든 것을 너희에게 더하시리라 마태복음 6:33

그러면서 예수님께서 직접 하신 말씀이 자꾸 머릿속을 맴돌았다. '더하여 주마' 하고 약속하셨는데…, '더하여 주마' 하고 약속하셨는데…. 그럼에도 불구하고 우리는 늘 하나님께서 주시려는 본질의 복에는 관심이 없고 끼워 주시는 것만 복인 줄 아는 어리석은 인생을 살고 있다. 본질의 복에는 관심이 없고 끼워 주는 것에만 관심을 두는 것이다.

한번은 어떤 권사님 집에 심방을 갔는데 프라이팬이 너무 예뻐서 어디에서 사셨냐고 물었더니 산 게 아니라고 했다. 그래서 어디서 났냐고 물었더니 선뜻 대답을 못하는 게 아닌가. 재차 물어보니 그제야 말하기를, 대형마트에 갔는데 프라이팬이 너무 예뻐서 구입하려고 했는데 파는 게 아니고 30만 원하는 전자레인지를 사면 끼워 주는 거라고 했단다. 그래서 전자레인지를 사고 프라이팬을 얻어왔다고 한다. 프라이팬을 공짜로 얻으려고 30만 원짜리 전자레인지를 사다니 정신이 있는가, 없는가!

우리 주변에는 본질의 물건에는 관심이 별로 없고 뭘 껴주는지 눈이 벌게져서는 찾아다니는 사람들이 있다. 그런 사람이 우리 집에도 한 명 산다. 한번은 집에 갔더니 집사람이 예쁜 손가방을 하나 들고 다니길래 어디서 샀냐고 물었더니 산 게 아니란다. 누가 줬냐고 했더니 그것도 아니란다. 그럼 어디서 났냐고 하니 선뜻 대답을 못한다. 파는 게 아니라길래 그럼 어디서 났냐고 했더니, 화장품을 30만 원어치 사면 끼워 주는 거라며 손가방이 너무 예뻐서 화장품을 사왔단다. 정신이 있는가, 없는가!

하나님께서 주시려는 본질의 복에 관심을 갖길 바란다. 하나님께서 주시려는 본질의 복을 받으면 끼워 주시는 것이 돈이요, 자녀들이 잘 되는 것이요, 건강한 것이요, 오래 사는 것들이다. 이 영적인 순서를 잘 기억하면 본질의 복도 받고 끼워 주시는 복, '원 플러스 올'의 복도 받을 수 있다.

사실 나도 예전에는 세상 사람들이 말하는 돈, 명예와 같은 복을 받고 살고 싶었다. 남들보다 많은 것을 받고 태어나지는 않았더라도, 물려받은 것이 별로 없더라도 물려줄 것이 많은 인생을 살고 싶었다. 방법을 몰라 고민하던 중 바로 그날 '더하여 주마' 하고 약속하신 말씀을 붙잡게 된 것이다. 나에게는 그 말씀이 왠지 성큼성큼 크게 다가왔다. 더하여 주실 것이라는 그 말씀을 다시 묵상해보니 그냥 더하여 주시는 것이 아니라 전제 조건이 달려 있었다. "먼저 그의 나라와 의를 구하라!" 그리하면 더하여 주신다고 하셨다.

차이나는 복의 클래스

그런데 이 성경구절의 앞부분을 읽어보니 '무엇을 먹을까, 무엇을 입을까, 무엇을 마실까, 염려하지 말라'는 말씀이었다.

그러므로 염려하여 이르기를 무엇을 먹을까 무엇을 마실까 무엇을 입을까 하지 말라 이는 다 이방인들이 구하는 것이라 너희 하늘 아버지께서 이 모든 것이 너희 에게 있어야 할 줄을 아시느니라 그런즉 너희는 먼저 그의 나라와 그의 의를 구하 라 그리하면 이 모든 것을 너희에게 더하시리라 마태복음 6:31~33

성경구절을 연결해서 읽어보니 그 내용이 더욱 확연하게 다가왔다. 오늘 내가 염려하고 불안해하며 분노하는 데는 다 이유가 있었다. 마땅히 구해야 할 것은 구하지 않고, 구하지 않아도 되는 것들에 마음을 두고 있었던 것이 다. '내가 할 바를 다 하면 전능자께서 거기에 더하여 듬뿍 얹어 주신다고 하 셨는데 왜 이 비밀을 몰랐을까? 성경을 많이 읽고 외우고 가르쳐왔으면서 왜 이 깊이 있는 말씀을 깨닫지 못했을까?' 하는 생각이 들었다.

다시 한 번 성경구절을 읽어보았다. 살면서 먹는 것, 입는 것, 잠자는 것 때 문에 그리고 인간관계, 경제적인 어려움, 미래에 대한 불안감, 자녀교육 때문 에 근심하고 불안해하며 사는 나에게 성경은 분명한 해답을 주고 있었다.

"그런 것을 염려하지 말고 너는 오직 네 주인 되시는 전능자의 뜻에 따라 살아라. 그러면 나머지 문제는 다 그분이 책임져주신다."

이 가르침이, 이 말씀이 그날따라 더욱 굳게 믿어졌고 난 작은 결심을 하게 되었다. '성경이 거짓말을 하겠나! 그냥 믿고 움직이자!'

하나님께서는 우리들에게 큰 복, 본질의 복을 주길 원하시는데 우리는 늘 끼워 주는 것에만 관심이 있다. 본질의 복이 팔복이라면, 끼워 주시는 복은 우리들이 그토록 간절히 원하는 돈이나 평안, 건강, 장수 뭐 이런 것이다.

네 보물 있는 그 곳에는 네 마음도 있느니라 마태복음 6:21

당신의 마음은 어디에 가장 많이 머물러 있는가? 당신의 보물은 무엇인가? 어느 날, 나의 마음을 열어보니 내 마음이 돈에 머물러 있었다. 돈 없이 살다 보니 돈이 너무나 필요했다. 그래서 '돈! 돈!' 하며 살고 있던 것이다. 내 마음의 보물이 돈이라는 것을 아는 순간, '이래 가지고 예수 제대로 믿겠나?' 싶어 지갑에 있던 만 원짜리를 확 찢어서 쓰레기통에 던지며 이렇게 기도했다.

'하나님 아버지, 평생 돈에 내 마음을 두고 살지 않겠습니다. 내 마음은 하나님 나라에, 천국에, 하나님의 뜻에, 교회에, 양떼와 소떼에 두고 살 테니 내 지갑, 내 주머니는 하나님께서 책임져주세요.'

그리고 지금까지 그렇게 살고 있다. 돈에 마음을 두지 않고 하나님의 뜻을 구하려고 애썼더니 어느 날 보니까 '원 플러스 올'의 복이 임하여 있었다. 여호와께서 목자가 되어주셔서 부족함 없이 살게 해주셨다. 금식은 했어도 굶지는 않았고, 빌어먹고 살지 않도록 채워주셨다.

내 마음의 또 다른 보물은 아파트였다. 서른 살 즈음에 만든 청약통장에 매달 돈을 부으면서 '아파트! 아파트!' 하고 있었다. '이래서 예수 제대로 믿겠나?' 싶어 통장을 해약하러 당시 은행에 갔더니 창구 직원이 나를 말렸다.

"이게 뭔지 아시고 해약하시려는 거예요? 아파트 한 채예요. 이걸 왜 해약하세요? 돈이 필요하면 차라리 대출을 받으세요."

그래서 이렇게 대답해주었다.

"내 평생 내 이름으로 된 집 한 채 안 가지고 살려고 그러니 해약해주세요."

내 마음을 아파트에 두지 않고 하나님 나라에, 천국에, 하나님의 뜻에, 교회에, 양떼와 소떼에 두겠다고 결심하고는 그 돈을 헌금으로 다 드려버렸다. 그래서 지금 집도 없이 사느냐? 교회에서 준비해준 사택에서 아주 잘 살고 있다. 게다가 부흥회를 가면 일 년에 한 25주에서 30주 정도를 호텔이나 모텔에서 자니, 이거야 말로 '원 플러스 올'의 복이 아니겠는가.

당신의 보물은 무엇인가? 세상의 것을 보물로 삼으니 마음에 걱정과 염려만 들어간다. 그래서 주님은 말씀하셨다. 그런 것들을 보물로 삼지 말고 하나님의 나라를 보물로 삼으라고. 그분의 뜻대로 살려고 몸부림치면 '원 플러스 올'의 복이 임할 거라고 말이다.

우리를 불쌍히 여기시며 진정한 복을 주시려는 예수님께서 'One+All'을 말씀하신다. 여덟 가지 본질의 복을 말씀하신다. 이 여덟 가지 중에 하나라도 제대로 받으면 이 땅에서 필요한 모든 것들을 더하여 주시리라고 약속하신다. 'One+All'은 세상적인 용어가 아니다. 예수님께서 약속하시는, 본질의 복과 더하여 주시는 복들을 의미하는 용어다. 이 복이 예수님을 닮고 싶어 하는 모든 이들에게 주어지는 선물임을 확신한다.

―――――

천국에 들어가는
사람들

―――――

Heavenly Blessings in Your Life

심령이 가난한 자는 복이 있나니
천국이 그들의 것임이요
마태복음 5:3

천국에 들어가는
사람들

예수님의 산상설교

예수님께서 나지막한 산 밑에 계실 때 사람들이 모여들기 시작했다. 병을 고쳐달라고, 귀신을 쫓아달라고, 하나님의 말씀을 전해달라고, 옛날이야기를 해달라고…. 사람들은 점점 더 많아져서 야산 중턱에까지 이르게 되었고, 예수님께서도 산 쪽을 바라보시며 그분의 말씀을 이어가셨다. 그날 그곳에서 전하신 말씀을 마태라는 제자는 마태복음 5, 6, 7장에 걸쳐 기록하였다. 그리고 사람들은 그것을 산상수훈 또는 산상설교라고 이야기한다.

마태복음 5장을 보면 예수님께서는 팔복을 설명해주시면서 빛과 소금의 사명이 우리들에게도 있음을 말씀하고 계신다. 또한 많은 사람들이 알고 있던 십계명에 대한 다른 해석을 전해주신다. "살인하지 말라", "간음하지 말라", "거짓 맹세하지 말라"라는 말씀을 비롯한 십계명의 항목들에 대하여 새로운 해석을 해주시면서 결국 우리가 사랑하며 살 때 하나님께서 기뻐하심을 강조하셨다. '상황에 구애받지 말고 내 기분에 좌우되지 말고 나도 사랑하며 살아야지' 하는 강한 의지적 결단이 우리에게 있어야 함을, 또 넉넉한 사랑을 나눌 수 있는 사람이어야 함을 말씀하셨다.

이렇게 마태복음 5장에서 복에 대한 개념과 십계명에 대하여 새로운 가르침을 주신 예수님께서는 6장에서 구제와 기도와 금식에 대해 새로운 해석을 들려주신다. 유대인들이 매우 중요하게 생각하는 이 세 가지 신앙생활에 대해 정확한 가르침을 주신 것이다.

우리가 익히 알고 있는 것처럼 구제할 때는 오른손이 하는 일을 왼손이 모르게 은밀하게 함으로써 자신을 드러내지 말고, 상대방의 자존심을 상하게 하지도 않아야 하며, 비밀스럽고 꾸준히 해야 함을 말씀하신다. 하나님께서 보고 계시니 사람들에게 인정받으려고 하지 말고 하나님께만 인정받기를 원하면서 꾸준히 이어가라고 말씀하신다.

기도에 관하여는 다른 사람들 들으라고 큰 소리로 여러 사람 앞에서 떠들지 말고 은밀한 중에 보시고 들으시는 하나님을 믿으며 진실함으로 기도하라고 말씀하시면서 특별히 모범 기도문을 가르쳐주신다. 그것이 바로 우리가 잘 알고 있는 주기도문이다. "하늘에 계신 우리 아버지여…"

금식에 관하여는 내가 금식하고 있다고 생색내지 말고 머리에 기름을 바르고 얼굴을 깨끗이 하여 오히려 금식하는 자로 보이지 않게 건강한 것처럼 나를 가꾸며 기도하라고 말씀하신다. 세 가지를 통해 공통적으로 말씀하시는 바는 사람에게 보이려고 신앙생활 하지 말고 하나님 앞에서 하라는 것이다.

그러시면서 6장 맨 마지막에 염려에 대한 교훈을 하나 주시는데, 예수님께서는 우리들의 염려를 다 알고 계신다고 하셨다. 예수님은 우리 염려의 대부분이 먹는 것, 입는 것, 마시는 것에 있음을 아신다. 돈 문제, 노후 문제, 먹고 사는 문제로 염려함을 아신다. 이 모든 것을 아시는 예수님께서는 우리들에게 전혀 다른 가르침을 주신다.

너희가 염려함으로 네 키를 조금이라도 더 크게 할 수 있느냐고 물으시면서 할 수도 없는 일 때문에 염려하지 말라고 하신다. 이 땅의 문제 때문에, 여기서 끝나고 없어질 것들을 위해 너무 많은 신경을 쓰지 말고 노력하지 말라고 하신다. 공중의 새도 먹이시고, 들의 풀도 입히시는 분이 하나님인데 하물며! 하물며! 사랑하는 그분의 자녀들을 굶기시겠느냐고 오히려 우리들에게 반문하신다.

오늘 있다가 내일 아궁이에 던져지는 들풀도 하나님이 이렇게 입히시거든 하물며 너희일까보냐 믿음이 작은 자들아 그러므로 염려하여 이르기를 무엇을 먹을까 무엇을 마실까 무엇을 입을까 하지 말라 이는 다 이방인들이 구하는 것이라 너희 하늘 아버지께서 이 모든 것이 너희에게 있어야 할 줄을 아시느니라 마태복음 6:30~32

어느 날 갑자기 이 말씀이 믿어졌다.
'그렇지. 내가 염려한다고 갑자기 돈이 생기는 것도 아니고, 내 몸이 갑자기 튼튼해지거나 내 얼굴이 잘생겨지는 것도 아닌데 웬 걱정! 내가 근심하고 있다고 해서 애들이 달라지고 급속도로 성장하는 것도 아닌데, 내가 무엇 때문에 염려하지?

'총량제'란 말이 있다. 사람이 태어나서 죽을 때까지 해야 할 많은 부분에 있어서 총량이 있다는 것이다. 예를 들어서 '지랄 총량제'라는 것이 있는데, 고려대학교의 어느 교수님이 말씀하신 것으로 이 땅에 사는 동안 사람마다 떨고 갈 지랄의 양이 정해져 있다는 것이다. 그래서 어릴 때 말 잘 듣던 애가 사춘기를 지나 청년이 되면서 말 안 듣고 지랄을 떠는 경우가 있고, 마찬가지로 어릴 때는 그렇게 망나니처럼 살다가 한순간에 변하는 경우도 있다.

내가 아는 사람 하나는 그렇게 착하고 믿음도 좋은 것 같았는데 40대가 되면서부터 이해할 수 없는 행동을 하고 야단을 떨다가 50대에 정점을 찍더니 50대 후반이 되자 잠잠해졌다. 도대체 왜 그런 걸까? 바로 '지랄 총량제!' 떨어야 될 지랄을 어려서 다 안 떨었으니 나이 들어 지랄하는 거란다.

사람마다 총량제는 다 있다. '잘난 척 총량제' 역시 마찬가지다. 안 그러다가 갑자기 잘난 척 꽤나 하며 주위 사람을 피곤하게 만드는 사람이 있다. 그게 다 죽을 때가 돼서 그러는 거다.

'걱정 총량제'도 있지 않겠는가. 평생 해야 될 걱정이 다 있는데 철없던 시절에 너무 걱정 없이 살면 나이 들어 걱정이 밀려온다. 사람들은 죽기 직전에 걱정이 많아진다고 한다. '내가 죽으면 자식들은, 남편은 어떻게 사나?'부터 시작해서 모든 게 다 걱정이다. 그런데 걱정한다고 달라질 것은 없다. 내가 죽고 나면 시시덕거리며 다 잘 산다. 그러니 그냥 가라!

'서운함 총량제'도 있다. 평소에는 서운하지 않았는데 결혼할 때가 되고 헤어질 때가 되고 죽을 때가 되면 왜 그렇게 서운한 게 많은지…. 그냥 '그러려니' 하면 되는데 사람들은 총량제에 대해 잘 모르니 자꾸 왜 그러냐고 묻는 것이다. 앞으로는 '저게 다 총량을 채우느라 그러나 보다' 하면 된다.

예수님께서는 우리가 많이 걱정하고 염려하며 사는 것을 아셨다. 그 총량을 채우느라고 먹고 사는 문제, 자녀양육 문제, 인간관계 문제, 노후대책 문제, 사업 문제 등으로 염려하는 것을 아셨다. 그래서 예수님께서는 걱정을 하지 말라는 것이 아니라 전혀 다른 걱정을 하며 살아가라고 말씀하신다. 총량은 채워야 하니까!

너희는 먼저 그의 나라와 그의 의를 구하라 그리하면 이 모든 것을 너희에게 더하시리라 마태복음 6:33

예수님께서는 너희는 먹는 것, 입는 것, 사는 것 등 이 땅의 문제들로 염려하지 말고 오히려 하나님의 뜻대로 살고자 하는 마음으로 '어떻게 하면 내가 하나님의 뜻대로 살까?'를 염려하라고 하신다.

성경대로 살려면, 예수님처럼 살려면 어떻게 해야 할까? '이 사람을 만날까, 말까?', '여기에 돈을 쓸까, 말까?', '내게 주어진 24시간을 어떻게 쓸까?' 하는 모든 것들에 대해 복잡하게 생각하지 말고 '하나님의 뜻이 뭘까?'만을 생각하라고 하시는 것이다.

지난주에 우리 교회 예배실의 영상과 음향시설 보강 및 교체를 위해서 헌신해주시길 성도들에게 부탁드렸다. 그러자 몇몇 분이 나에게 문자를 보내시고 주보에 있는 교회 통장으로 헌금을 보내주셨다. 참으로 감사했다.

"목사님, ○○○ 집사입니다. 지난주에 말씀하셨던 교회 음향시설 공사 금액 관련으로 문자드립니다. 하나님께 받은 은혜가 크기에 감사함을 표현하고자 합니다. 너무 작은 것이라 부끄럽지만 조금이나마 도움이 되었으면 합니다. 주보에 있는 교회 일반 통장으로 입금했습니다. 오늘도 즐거운 하루 되세요."

눈물이 핑 돌 만큼 감격스러웠다.

또 어떤 분들은 이렇게 말씀해주셨다.

"목사님, 아무에게도 말하지 말아주세요. 하나님께 드리고 싶습니다. 제가 하는 모든 일은 비밀입니다."

"견적을 받으시게 되면 견적서를 검토해드릴 수 있고 공신력이 있는 통로를 통해 그 물건이 정품인지, 적당한 가격인지를 정확하게 알 수 있는 거래처가 있어서 도움을 드릴 수 있습니다."

참으로 기뻤다. 이런 분들 덕분에 공사가 잘 진행될 것 같아 행복하고 감사했다. 내 마음의 보물이 돈이 아니라, 하나님의 나라와 하나님의 성전과 하나님의 뜻에 내 마음이 머물고 있으니 그거면 충분하지 않겠는가. 생각할 것도, 돈 쓸 곳도 많을 텐데 그 분주한 와중에도 하나님의 성전을 생각하고 내 마음을 교회에 두는 사람들이 있음이 얼마나 감격스러운 일인가.

"먼저 그의 나라와 그의 의를 구하라 그리하면 이 모든 것을 너희에게 더하시리라"는 하나님의 말씀이 믿어진다. 여기에서 '구하라'는 말인 '아이테오'

는 특별한 말이다. 성경 원어적 개념으로는 기도한다는 뜻이요, 목적을 삼는다는 뜻이요, 온 힘을 다 기울여 힘쓴다는 뜻이다. 영어로는 'seek(찾다)'라고 번역한다. 이는 그의 나라와 그의 의를 구하기 위해 힘쓰라는 것이다. 그리할 때 이 모든 것을 주신다고 약속하신다. 즉 사는 것, 먹는 것, 입는 것 등 이 모든 것을 주신다는 것이다.

그분이 주셔야 받을 수 있다. 내가 그의 나라와 그의 의를 구할 때 그는 그의 일을 하신다. 주시고자 하는 마음은 간절하시지만, 내가 그의 나라와 그의 의를 구하지 않기에 주실 수 없는 것이다. 우선순위가 바로 되어야 성공이 온다.

그러므로 너희는 미래에 대한 걱정도 하지 말라고 하신다. 노후대책보다 더 중요한 사후대책이 마련되어 있으니, 노후대책 때문에 걱정하지 말고 내일의 염려를 당겨서 미리 하지 말라고 말씀하신다. 일단 오늘 하나님의 뜻대로 살면서 사후에 하나님 앞에서 상 받을 만한 삶을 살아가라고 말씀하신다.

나는 어차피 내 인생을 스스로 해결하지 못함을 알기에 내 것은 하나님께 송두리째 맡기고, 내게 능력 주시는 그분의 뜻에 따라서 그분의 뜻대로 살아가는 것! 여기에 그리스도인의 승리의 삶이 있다. 나는 가정에서나 회사에서나 교회에서나 공동체 가운데에서 하나님의 뜻을 이루어드리고, 하나님께서는 나의 개인적인 문제들을 깔끔하게 해결해주시고! 이게 바로 '원 플러스 올'의 축복이다. 달라고 안 해도 주시고, 알아서 미리 해결해주시는!

심령이 가난한 사람

예수님은 여덟 가지의 복을 말씀하시면서, 처음에 육신적인 가난이 아니라 영적 가난에 대해 언급하신다. 영적으로 너무나 주리고 목말라서 주님께로 나아오지 않고는 견딜 수 없는 사모함이 있는 사람을 주님은 찾으시고 그에게 복 주시기를 원하신다.

여기서 '가난'이라고 번역된 희랍어 '프토코스'라는 말은 3일에 한 끼 정도만 먹을 정도의 가난을 뜻한다. 이는 고용주에게 100%를 의지했을 때에만 살수 있는 가난이다. 그것이 비굴하다고 느끼지 못할 정도의 가난이며, 무조건 순종하고 충성해야만 먹을 수 있는 가난을 말한다. 그러므로 심령이 가난한 사람이란 3일 굶은 사람이 밥 생각밖에 안 나는 것처럼, 그렇게 천국과 예수님만 생각나는 사람들을 말한다. 이들은 하나님만을 절대적으로 바라보는 믿음의 사람이다. 이처럼 오직 예수님에게 모든 관심이 집중되어 있는 사람을 '심령이 가난한 사람'이라고 표현하신다.

3일을 굶어봤는가? 3일 금식은 대부분 기도원에 가서 하는데, 오래 전에 기도원에 가지 않고 집에서 3일을 굶으면서 금식기도를 한 적이 있다. 그때 우리 집에서 교회로 가려면 작은 떡볶이 집을 하나 지나가야 하는데, 나는 일년에 떡볶이 한 개를 집어 먹을까 말까 하는 사람이다. 그런데 오전 11시 30분 즈음 밥을 잔뜩 먹고 12시부터 금식을 하는데 하루가 지나서 다음날 교회를 가다가 왠지 그 떡볶이를 먹고 싶다는 생각이 드는 게 아닌가. 사람이 참이상한 것이 굶으니까 한 번도 생각난 적 없고 먹지도 않던 떡볶이가 갑자기

차이나는 복의 클래스

생각이 나는 것이다.

굶은 지 이틀째가 되니까 떡볶이 집 앞을 지나가다 나도 모르게 발이 멈추어졌다. 냄새라도 맡고 싶어서였다. 더욱 이상한 건 3일째가 되니 집에서 한 발자국도 안 나가고 시계만 보게 된 것이다. 12시가 되면 밥을 먹을 수 있기 때문이다. 11시부터 밥을 차려놓고 서성이는데 시곗바늘이 도대체 가질 않는 것 같았다. 분명히 11시 30분을 가리키고 있던 게 한참 전인 것 같은데 겨우 10분밖에 안 지나다니! '이거 시계가 죽은 거 아니야?'

3일을 굶으니 오직 밥 생각밖에 안 났다. 이런 것을 가난이라고 하는 것이다. 온 마음이 먹는 것에만 집중되어 있는 것! 마찬가지로 마음에 예수님이 계셔야 하는데 그렇지 않은 것 같아서 예수님 생각밖에 안 나는 사람들! 바로 이런 사람들을 심령이 가난하다고 한다.

예수님은 말씀하셨다. 너희가 돌이켜 어린아이들과 같이 되지 아니하면 결단코 천국에 들어가지 못한다고. 어린아이 같다는 것이 뭘까? 왜 어린아이와 같이 되지 않으면 천국에 못 들어가는 걸까? 어린아이처럼 진실하고 겸손하고… 다 맞는 이야기지만 더 큰 이유가 있다.

어린아이는 엄마가 없으면 못 산다. 예수님이 말씀하시는 어린아이는 갓난아기나 초등학생이 아니라 아장아장 걷는 아이들이다. 아장아장 걷는 아이를 데리고 놀이터에 가보았는가? 아이들을 놀이터에 풀어놓고 놀라고 하면 처음에는 잘 논다. 흙장난도 하고 재밌게 놀다가 금세 일어서서는 두리번거리며 주위를 살핀다. 누굴 찾는 것인가? 바로 엄마다. 이렇게 볼 때 엄마가 저기 앉아 있으면, 씩 웃고는 다시 놀던지 엄마에게로 왔다가 다시 가서 논다.

그런데 만약 엄마가 없다면? 바로 운다. 엄마가 없는 것과 자기가 노는 것과는 아무런 관계도 없는데. 잠시 화장실을 갔다 오던지 금방 올 텐데도 아이들은 그렇게 생각하지 않는다. 엄마가 안 보이는 순간, 더 이상 살고 싶지 않은 것이다. 엄마가 없는 순간, 내 삶은 그것으로 끝인 것이다. 이게 바로 어린 아이와 같다는 것이다.

어느 신학자의 말처럼 '절대 의존의 감정!' 그분 한 분에게만 내 모든 것이 매달려 있는 상태! 이런 상태가 바로 심령이 가난한 것이다. 아침부터 저녁까지 예수님 생각밖에 안 나는 상태! 작은 일이든 큰일이든, 단순한 일이든 복잡한 일이든 다 예수님하고만 상의하고 싶은 상태!

천국에 들어가는 사람들

과거 한국 교회가 불같이 일어날 때 교인들이 많이 부르던 찬송들은 대게 이러했다.

♪ 아침에는 예수로 눈을 뜨게 하시고 저녁에는 예수로 잠을 자게 하시네

예수님 내 주여 내 중심에 오소서 주님 한 분만으로 만족하옵니다

_주님 한 분만으로 中

♪ 내 주님 없인 난 못 살아 내 주님 없인 안 돼

차이나는 복의 클래스

닻 없는 배처럼 흔들려 주님 없인 난 못 살아

_ 주님 없인 못 살아 中

♪ 낮에나 밤에나 눈물 머금고 내 주님 오시기만 고대합니다

가실 때 다시 오마 하신 예수님 오 주여 언제나 오시렵니까

먼 하늘 이상한 구름만 떠도 행여나 내 주님 오시는가 해

머리 들고 멀리멀리 바라보는 맘 오 주여 언제나 오시렵니까

_ 주님 고대가 中

먼 하늘에 이상한 구름 하나만 떠도 주님이 그 구름을 타고 오늘 오실 것 같아서 창문을 열고 내다보다, 다시 신발을 신고 나와서 주님이 언제 오시나 바라보는 그 마음! 그게 심령이 가난한 자의 마음이다.

한번은 미국으로 부흥회를 가는데 일본 나리타공항에서 비행기를 갈아탄 적이 있다. 한두 시간 정도 시간이 남아서 공항 로비를 서성이다 하늘을 봤는데 구름이 너무나 예뻤다. 하늘이 참 맑고 좋다고 생각하다 문득 예수님 생각이 났다.

'저 구름 타고 오늘 그냥 주님이 오셨으면 좋겠다. 아, 미국은 뭐 하러 가나. 그냥 여기서 주님 재림을 맞이하고 싶다.'

주님은 "다시 오마! 다시 오마! 또 다시 오마!"라고 말씀하셨다. "보라 주님 구름 타시고 나팔 불 때에 다시 오시리!" 다시 오실 줄로 믿어라!

내 마음에 이미 오신 예수님, 다시 오실 예수님께 집중하여 다른 것들에 마

음을 빼앗기지 않는 사람들을 심령이 가난한 자라고 한다. 이렇게 예수님께 오직 한마음으로 집중하는 심령이 가난한 사람들에게 주시는 하나님의 복이 '천국'이라고 예수님은 말씀하신다.

성경은 말씀하고 있다. "회개하라! 천국이 가까웠느니라!"

"회개하라! 돈을 벌 것이다. 회개하라! 취직할 것이다. 회개하라! 합격할 것이다. 회개하라! 당첨될 것이다."가 아니다. "회개하라! 천국이 가까웠느니라!"이다.

예수님의 공생애는 천국으로 시작하여 천국으로 마감한다. 예수님께서는 천국을 잊고 사는 사람들에게 천국에 대해 말씀하신다. 성경 속 인물들이 살고 있다는 바로 그 천국을 강력하게 소개하며 강조하신다. 그러고 보면 예수님의 외침은 일관적으로 천국과 관계가 있다.

처음 광야에서 외치신 음성이 천국이었다. "회개하라. 천국이 가까웠느니라!" 중간중간 제자들이 아파하고 실망할 때면 늘 천국에 대한 소망을 말씀하셨다. 또 어느 산에 올라가서 그의 모습이 변하셨을 때도 천국이 생각나는 장면을 연출하셨다. 제자들이 낙망했을 때는 근심하지 말라고 하시면서 천국과 연관 지어 설명해주셨다. 이 땅에서의 삶이 끝이 아니고 천국이 있는데 내가 먼저 가서 집을 다 준비해놓은 후에 너희들을 데리러 올 것이니 근심하지 말라고 말씀하셨다. 그런가 하면 마지막 운명하시기 전에도 옆에 있는 강도를 향하여 천국에 대한 소망을 주셨다. 이처럼 예수님의 삶은 천국으로 시작하여 천국으로 마친 생애였다.

그럼에도 오늘날 우리는 천국을 잊고 살아간다. 아무나 천국에 가는 줄 안

다. 천국이 있다는 확신도 점점 약해져가고 있으며, 혹 있다 해도 착한 사람들이라면 누구나 갈 수 있다는 막연한 생각을 하곤 한다.

천국은 아버지 하나님의 집이다. 오직 그분의 자녀들만이 들어갈 수 있는 곳이다. 아무리 공부를 잘하고 세상에서 인정받고 착한 사람이라 할지라도 아무 집에나 불쑥 들어갈 수는 없는 일이다. 굳게 닫힌 문의 비밀번호를 알고 있어야 들어가지 않겠는가. 천국은 '예수 그리스도'라는 비밀번호를 알고 있는 하나님의 자녀들만이 갈 수 있는 곳이다. 다른 이름을 우리에게 주신 적이 없다.

내가 대학원에 다닐 때 종교다원주의 열풍이 불었다. 꼭 예수를 안 믿어도 구원받을 수 있고, 절에 다녀도, 제사를 드려도, 이슬람교를 믿던지 다른 어떤 종교를 믿어도 그게 다 비슷하기 때문에 모두 천국에 갈 수 있다고 했다. 헷갈렸다. 일평생 예수를 믿어야 구원받는다고 배웠고, 교회는 착해지려고 가는 게 아니라 구원받기 위해 가는 곳이며, 죄를 회개하고 죄 씻음 받아야 천국에 들어갈 수 있다고 배웠는데…. 그러기 위해서는 반드시 예수님께서 흘리신 보혈의 피로 말미암아 나의 죄를 다 씻어주시고 지워주심을 믿어야 천국에 가는 거라고 배웠는데…. 유명한 교수님, 공부를 많이 하신 목사님이 꼭 예수를 안 믿어도 구원받는다고 말씀하시니 얼마나 놀랐겠는가.

날마다 잠들기 전, 무릎을 꿇고 하나님께 기도했던 기억이 있다.

"하나님! 이제는 솔직하게, 시원하게 대답 좀 해주세요. 교회에 가면 목사님은 예수를 믿어야 천국에 간다고 하고, 학교에 가면 어떤 교수님들은 예수를 안 믿어도 구원받을 수 있다고 하는데 어떤 게 진짜인가요? 더 이상 뜯들이지 마시고 말씀해주세요. 만약 교회를 안 다녀도 구원받고 천국에도 갈 수 있다면 이즈음에서 교회 그만 다닐라니까요. 그러니까 이야기 좀 해주세요."

이렇게 매일 기도했다. 어떤 바보가 똑같이 천국에 간다면 교회에 나오겠는가. 절에 가 앉아 있지. 교회는 은근 사람을 귀찮게 하는 곳이다. 헌금해라, 봉사해라, 헌신해라, 안내위원 해라, 성경공부해라, 제자반과 양육반 해라, 기초성경공부반 해라, 주차봉사자 필요하다, 전도할 사람 필요하다, 선교헌금 보내야 한다, 새벽기도회 나와라, 수요예배도 나와라, 주일 오후예배도 나와라, 특별 새벽기도회 한다 … 등등.

교회가 사람을 보통 귀찮게 하는 것이 아니다. 그냥 무시하려니 찜찜하고, 나가기는 싫고…, 그런데 절에 가도 구원받는다니 얼마나 좋은가. 절에서는 4월 초8일 석가탄신일에 맞춰 100만 원 내고 등 하나 달아두면 1년 12달 스님들이 목탁을 두드리면서 염불 외워주고 대신 공양도 드려준다는데, 얼마나 편하고 좋은가. 같은 조건이라면 절이지, 교회는 절대 아니다.

그래서 내가 매일 기도한 것이다. "하나님, 솔직하게 말씀해주세요!"라고. 내 딴에는 참으로 절박했다. 평생 목사로 살려고 하는데 거짓말이나 하며 살 수는 없었기에. 만약 절에 가도, 조상신을 섬겨도 구원받는다면 목사가 되어서 뭐라고 설교할 수 있겠는가. 여기까지 힘들게 왜 오셨냐고, 그냥 가까운 절에나 가시라고! 그래야 양심적인 것이 아니겠는가. 그래서 매일 무릎 꿇고 절실한 마음으로 기도했다.

그러던 어느 날 새벽, 우리 주님이 내 꿈에 나타나셔서 분명하게 딱 한 말씀만 해주시고 떠나셨다. 아직도 생생하다.

차이나는 복의 클래스

"내가 곧 길이요 진리요 생명이니 나로 말미암지 않고는 아버지께로 올 자가 없느니라!"

예수님만이 천국에 이르는 유일한 길임을 분명히 알려주신 것이다. 참으로 마음에 위로가 되고 확신이 찾아왔다. 정말 행복했다. '내가 맞았구나. 그 교수님이 거짓말하시는 거구나.'

성경을 읽다보니 이런 말씀도 눈에 들어왔다.

다른 이로써는 구원을 받을 수 없나니 천하 사람 중에 구원을 받을 만한 다른 이름을 우리에게 주신 일이 없음이라 하였더라 사도행전 4:12

확실하게 믿어졌다. '그럼 그렇지. 예수님만이 우리를 천국으로 인도하실 수 있는 유일하신 길이요 진리요 생명이지. 내가 맞았구나!' 그분만을 따라가야, 그분이 가신 길을 걸어가야 천국에 이른다. 세상이 변하고 모든 것이 다 변해도 변하지 않는 것이 진리다. 예수님만이 구원에 이르는 유일한 길, 바로 그것이 진리다. 예수님만이 우리에게 영원한 생명을 주실 수 있다.

양다리 걸치지 말자. 예수님께서는 천국 안내를 우리에게 부탁하셨다. 나는 이 땅에서는 좀 가난해도, 병들어도, 속 좀 썩고 살아도 괜찮은데 천국은 꼭 가고 싶다. 예수님만이 길이요 진리요 생명이심을 믿고 그분을 내 주인님으로 모시고 살다가 천국에 이르기를 원한다면, 천국이 나의 최고 보물이기를 원한다면 마음속으로 '아멘' 해보라.

팔복의 첫 번째 복도 천국이고 마지막 복도 천국이다.

심령이 가난한 자는 복이 있나니 천국이 그들의 것임이요 마태복음 5:3

의를 위하여 박해를 받은 자는 복이 있나니 천국이 그들의 것임이라 마태복음 5:10

팔복 선물 세트의 첫째도 천국이요 마지막도 천국이니, 천국이 얼마나 중요한 복인가. 그래서 나는 늘 기도한다.

'성령님, 도와주세요! 제 힘으로는 안 되니 성령님이 도와주세요! 천국 잊지 않도록, 천국 잃지 않도록 도와주세요!'

이렇게 귀한 복임에도 우리는 늘 양다리를 걸치며 살려고 한다. 시내산에서 하나님이 모세를 통해 당부하신 첫 번째 이야기도 이런 맥락이다. '너는 나 외에 다른 신을 네게 있게 하지 말라'는 말씀은 결국 하나님만 사랑하라는 말씀이다. 하나님만 사랑하라는 말씀은 다른 마음먹지 말고, 심령이 가난한 자가 되어 오직 그의 나라와 그의 의를 위해 살아가라는 말씀이다. 그러고 보면 십계명의 첫 계명도, 팔복의 첫 번째 복도 오직 한마음이다.

오직 하나님을 향한, 천국을 향한, 십자가의 사랑을 실천하고자 하는 오직 한마음! 천국은 이런 자들에게 주시는 복이지, 아무나 갈 수 있는 곳이 아님을 알아야 한다.

차이나는 복의 클래스

당신은 예배자인가, 마당만 밟는 자인가?

이사야 선지자는 마당만 밟는 자들을 향해 경고하였다. 교회만 왔다 갔다 하는 사람들을 나무랐다. 심령이 가난하지 않고 하나님을 이용해 먹으려고만 하며 혼나지 않을 정도로만 살고 싶어 하는 욕심쟁이들을 나무라는 것이다. 구약의 대선지자 중 한 사람인 이사야 선지자는 이런 예언을 한 적이 있다.

> 하늘이여 들으라 땅이여 귀를 기울이라 여호와께서 말씀하시기를 내가 자식을 양육하였거늘 그들이 나를 거역하였도다 소는 그 임자를 알고 나귀는 그 주인의 구유를 알건마는 이스라엘은 알지 못하고 나의 백성은 깨닫지 못하는도다 하셨도다 슬프다 범죄한 나라요 허물 진 백성이요 행악의 종자요 행위가 부패한 자식이로다 그들이 여호와를 버리며 이스라엘의 거룩하신 이를 만홀히 여겨 멀리하고 물러갔도다 이사야 1:2~4

하나님이 탄식하신 이유는 한 가지다. 거역하고, 깨닫지 못하고, 멀어졌다는 것이다. 하나님께서는 사랑하셔서 먹여주시고 입혀주시고 살아갈 수 있도록 도우셨으며 용기를 주시고 힘을 주시고 앞서 예비해주셨는데, 이 모든 혜택을 누린 자녀들이 하나님을 무시했다는 것이다. 내 뜻대로, 내 마음대로 해달라고 주장하면서 만약 내 뜻대로 하나님이 움직이지 않으시면 하나님을 떠나겠다고 하는 것이다. 정성들여 키워놨더니 혼자, 저절로 큰 줄 알며 은혜를 모르는 자녀들 때문에 하나님은 얼마나 속상하실까.

내 친구 중에 40세가 넘어서 늦둥이를 낳은 친구가 있는데 아들 둘밖에 없는 집에 딸을 주셨다며 그렇게 자랑을 하고 다녔다. 그 친구는 일찍 머리가 희어져서 흰머리가 많았는데, 어느 날 깨끗하게 염색을 하고 온 게 아닌가. 새 장가라도 가냐고 농담 삼아 물었더니 딸아이의 유치원에 가야 한다고 하면서 아이가 늙은 아빠를 싫어할까 봐 젊게 보이기 위해 염색을 했다고 한다. 그토록 늦둥이 딸을 참 예뻐하며 키운 친구다.

그런데 얼마 전, 우리 집에 모임이 있어서 그 친구와 아내와 딸이 함께 왔다. 그 딸에게 '너 클수록 아빠 닮아간다'고 했더니 내 친구 목사가 하는 말이, 절대로 그런 이야기를 하지 말라는 것이다. 아빠를 닮았다고 하면 너무 싫어한다나. 아빠 이야기만 꺼내면 싫다고 짜증을 부린단다. 웬수도 그런 웬수가 없다며 말도 안 듣고 너무 속상하다고, 아빠가 자기를 예뻐하는 줄 아니까 철저히 무시하고 이용해먹는다고 했다.

친구의 말을 듣고 있는데 문득 하나님의 아픈 마음이 생각났다. 사랑하시는데 자녀들에게 무시당하시는 하나님! 결국 화가 나신 하나님께서는 이렇게 이야기하신다.

너희가 어찌하여 매를 더 맞으려고 패역을 거듭하느냐 온 머리는 병들었고 온 마음은 피곤하였으며 이사야 1:5

너희의 땅은 황폐하였고 너희의 성읍들은 불에 탔고 너희의 토지는 너희 목전에서 이방인에게 삼켜졌으며 이방인에게 파괴됨 같이 황폐하였고 이사야 1:7

차이나는 복의 클래스

나아가 이사야 선지자는 하나님의 아픈 마음을 이렇게 전한다. 그나마 너희에게 자비를 베풀지 않으시고 공의를 행하셨다면 너희는 지금쯤 소돔과 고모라처럼 다 멸망했을 거라고!

> 만군의 여호와께서 우리를 위하여 생존자를 조금 남겨 두지 아니하셨더면 우리가
> 소돔 같고 고모라 같았으리로다 이사야 1:9

하나님께서 이처럼 진노하시자 이스라엘 백성들은 형식적인 예배를 드리기 시작한다. 일단 소나기나 피하고 보자는 심정으로 뇌물성 예배를 드린 것이다. 하나님께서 원하시는 것은 그들이 진정으로 하나님께로 돌아와 그분의 뜻에 순종하며 그분의 뜻대로 사랑하며 사는 것이었다. 하나님께서는 희생, 헌신, 봉사, 구제, 손해 봄, 십자가 등을 말씀하시는데 그들은 여전히 자신의 뜻대로 육체의 정욕과 안목의 정욕과 이생의 자랑 가운데 살면서 그 순간만을 모면하려고 했다.

헛된 예배와 내 욕심을 채우기 위한 예배를 드리면서, 또 왠지 믿음을 가지고 싶지는 않고 믿음대로 살고 싶지는 않지만 벌 받기는 싫은 그들에게 하나님께서는 더욱 실망하시면서 이렇게 말씀하신다.

> 너희의 무수한 제물이 내게 무엇이 유익하뇨 이사야 1:11

> 헛된 제물을 다시 가져오지 말라 분향은 내가 가증히 여기는 바요 월삭과 안식일

과 대회로 모이는 것도 그러하니 성회와 아울러 악을 행하는 것을 내가 견디지 못하겠노라 이사야 1:13

또한 하나님께서는 하나님을 이용해서 자신의 욕심을 채우려는 거짓 예배자들에게 이렇게 말씀하신다.

너희가 내 앞에 보이러 오니 이것을 누가 너희에게 요구하였느냐 내 마당만 밟을 뿐이니라 이사야 1:12

오래 전, 이 한 말씀이 나의 예배에 대한 자세를 바꿔놓았다. 그렇다고 내가 지금 바른 예배만을 드리는 것은 아니지만 늘 이 말씀을 기억하려고 한다. '나는 오늘 하나님을 기쁘시게 하는 예배자인가, 아니면 마당만 밟는 자인가?'

당신은 예배자인가, 마당만 밟는 자인가? 그렇게 마당만 밟고 다니는 이스라엘 백성들에게 하나님께서는 계속 말씀하셨다. 그들의 범죄는 심판받게 될 것이고, 결국 그들은 하나님의 나라에 들어오지 못할 것이라고!

그래서 궁금해졌다. 도대체 이스라엘 백성들이 무슨 죄를 지었기에 하나님께서는 그토록 진노하시며 그들을 내쫓으셨는지 말이다. 사랑의 하나님을 공의의 하나님으로 확 바꿔놓은 그들의 죄목은 무엇일까? 이에 대해 이사야 선지자는 이렇게 말했다.

차이나는 복의 클래스

주께서 주의 백성 야곱 족속을 버리셨음은 그들에게 동방 풍속이 가득하며 그들이 블레셋 사람들 같이 점을 치며 이방인과 더불어 손을 잡아 언약하였음이라 그 땅에는 은금이 가득하고 보화가 무한하며 그 땅에는 마필이 가득하고 병거가 무수하며 그 땅에는 우상도 가득하므로 그들이 자기 손으로 짓고 자기 손가락으로 만든 것을 경배하여 천한 자도 절하며 귀한 자도 굴복하오니 그들을 용서하지 마옵소서 이사야 2:6~9

그들은 두 마음을 품었다. 하나님 외에 또 다른 마음을 품은 것이다. 하나님을 섬기면서 우상 숭배를 했다. 예배를 드리면서 점을 치러 다녔다. 또 돈이 되는 일이라면, 은금이 가득하고 보화가 생기는 일이라면, 자산이 늘어나고 말이 늘어나고 병거가 생기는 일이라면 신앙의 양심도 저버렸다. 그들은 이처럼 믿는다 하면서 믿지 않는 사람처럼 살았다. 그래서 하나님께서 진노하셨고 그들을 위해 준비하셨던 천국 문을 닫으셨다.

예수님께서는 말씀하셨다. 천국은 아무나 가는 곳이 아니라 심령이 가난한 자들이 가는 곳이라고! "심령이 가난한 자는 복이 있나니 천국이 그들의 것임이요."

심령이 가난하다는 말은 그런 말이다. 내 모든 관심이 예수님께 집중되어서 다른 것들이 들어올 틈이 없는 상태! 3일 굶은 사람이 밥 생각밖에는 아무 생각도 안 나는 것처럼 그렇게 온 마음과 정성이 하나님께 집중되어 있는 상태! 천국은 아무나 갈 수 있는 나라가 아니다. 하나님의 집, 하나님께서 다스리시는 그분의 나라는 오직 예수 그리스도에게 마음이 집중되어 있는 사람들만이 갈 수 있는 곳임을 기억해야 한다. 나는 늘 이런 말을 하고 다닌다. "양 다리 걸치면 죽어!"

하나님을 가까이하라 그리하면 너희를 가까이하시리라 죄인들아 손을 깨끗이 하 라 두 마음을 품은 자들아 마음을 성결하게 하라 야고보서 4:8

성경은 섞인 마음 그 자체를 불결하다고 말하고 있다. 천국은 하나님께서 자녀들에게 주시는 최고의 축복이지만 아무나 갈 수 있는 곳은 아니다. 주님 은 분명히 말씀하셨다. "심령이 가난한 자는 복이 있나니 천국이 그들의 것임 이요!" 내 모든 관심이 예수님께 집중되어서 예수님 없이는 한순간도 못 사는 사람, 그가 바로 심령이 가난한 사람이다. 내 마음의 최고 보물이 예수님인 사람들! 자신 있는가?

당신 마음의 보물은 무엇인가?

차이나는 복의 클래스

Heavenly Blessings
in Your Life

———

위로받는 사람들

———

Heavenly Blessings in Your Life

애통하는 자는 복이 있나니
그들이 위로를 받을 것임이요
마태복음 5:4

위로받는
사람들

간절함이 사라진 시대

하나님께서는 우리들이 이 땅에서도 행복하게 살기를 원하신다. 그래서 그 방법을 자세하게 가르쳐주셨다. 믿고 그 방법대로 하는 사람들은 행복하게 살 것이고, 의심하며 따르지 않는 사람들은 이 땅에서의 행복도 천국도 기대할 수 없음을 알아야 한다.

하나님께서 제시하시는 방법은 '원 플러스 올'이다. 걱정 많은 우리들에게 "너희들 걱정은 내가 해결해줄 것이니 너희는 먼저 그의 나라와 그의 의를 구하며 살아라! 그리하면 이 모든 것을 너희에게 더하여 줄 것이다."라고 말씀하셨다. 이 말씀을 일단 믿으며 순종하고 싶지 않은가?

위로라는 말은 참 좋은 말이다. 위로를 받으면 해결이 되고, 혹 해결되지 않더라도 푸근한 마음이 들면서 힘내서 살고 싶어진다. 살면서 참 답답했는데, 해결이 잘 되지 않아 참 속상했는데 한방에 빵! 하고 위로받은 적이 있는가?

이 위로하심이, 해결해주심이 하나님의 선물이며 우리들에게 주시는 복이다. 성경은 하나님을 '위로자'라고 표현하고 있다.

> 찬송하리로다 그는 우리 주 예수 그리스도의 하나님이시요 자비의 아버지시요 모든 위로의 하나님이시며 고린도후서 1:3

하나님께서는 우리 모두의 삶에 깊숙이 그리고 세심하게 간섭하셔서 모든 문제를 해결해주시고 위로해주시길 원하신다. 그러나 아무나 위로하시는 건 아니다. 간절한 사람을 위로하신다. 눈물 날 정도로 간절한 사람, 그 눈물이 보통 눈물이 아니라 애통하는 눈물이 될 때 하나님께서 위로해주신다고 하셨다.

거지근성이 많은 사람들을 보면 늘 속상하다. '은혜'라는 단어를 남발하며 힘 안 들이고 공짜로 얼렁뚱땅 얻어먹고, 슬쩍 가로채는 사람들을 보면 짜증이 확 올라온다. 대접할 줄도 모르고 마냥 당연한 듯 공짜의식, 거지근성을 버리지 못하는 사람들을 보면 화가 난다. 참으로 좋은 나라에 살다보니 '복지, 복지' 하면서 그냥 퍼주기 식 정책으로, 표만 된다면 아낌없이 나누어 주다보니 일 안 하고 노는 사람들이 너무 많아졌다.

차이나는 복의 클래스

그리 대단하게 잘 살지도 못하고 행복하지도 않으면서 자기 고집대로 살아가는 사람들도 보았다. 어느새 우리나라도 동사무소나 구청에 가서 악다구니를 부리면 뭐 하나라도 더 떨어지고, 크게 땀 흘리거나 고민하지 않아도 먹고사는데 큰 불편함이 없을 정도의 나라가 되었다.

어디 그뿐인가. 사람들은 점점 더 약해져간다. 같은 일을 시키는데도 1년 전, 2년 전 그 일을 했던 사람들에 비해 형편없는 실력이다. 약해지고 느려지고 책임감도 없어졌다. 그 배후에는 거지근성과 공짜의식이 있다. 심지 않고 거두려고만 한다. 혹은 작게 심고 크게 거두려고 한다. 그런 사람들을 보면 정말 화가 난다. 하나님의 은혜니, 돌보심이니 하면서 심지 않고 가져가려는 날강도 같은 사람들을 보면 참으로 허무하다.

더 답답한 것은 간절함이 사라졌다는 것이다. 간절하고 목이 마르면 우물이라도 팔 텐데. 그 간절함이 없어져서 해도 그만 안 해도 그만, 있으면 좋고 없으면 말고 식의 생각들이 가득하다. 미래에 대한 소망이나 꿈도 많이 사라졌다. 그냥 그대로 살아도 불편하지 않은 것도 사실이다. 그러나 내게 현재의 상태를 유지할 힘이나 있을까? 생각해보면 참으로 답답해진다. 우리에게 간절함조차 없다면 우리는 위로받지 못할 사람들이다. 그런 자들에게 하나님의 위로하심과 해결해주심은 없다.

나를 불쌍히 여기소서!

맹인 거지 바디매오의 이야기를 들어봤을 것이다. 그 이야기를 새롭게 구성해보면 이러하다.

예수님께서 사랑의 음성과 몸짓으로 온 유대를 다니시던 그때, 여리고 성문가에는 바디매오라고 불리는 한 맹인 거지가 있었다. 그는 맹인이었기에 일자리를 얻지 못했고 그로 인해 여리고 성문가에서 그곳을 지나는 많은 사람들의 도움에 의지해서 구차한 목숨을 이어가고 있던 사람이었다. 눈만 멀지 않고 귀까지 멀었다면 '어차피 저주받아 태어난 몸 이렇게 살다가 죽으면 되지' 하고 모든 것을 체념할 수도 있었겠지만, 불행인지 다행인지 그는 귀와 입이 열려 있어서 여간 화가 나는 것이 아니었다. 아이들이 자기 앞을 지나면서 놀리는 소리를 들으면 당장에 가서 그놈들을 혼내주고 싶고, 사람들이 수군거리는 소리를 들으면 꼭 자신을 보고 조롱하는 것 같아서 기분이 나쁘고, 어쩌다가 말투가 다른 이방인들이 유대인인 자기를 보고 눈이라도 흘기는 것 같을 때에는 화가 치밀어 오르고 견딜 수 없는 모욕감을 느끼곤 했다.

그토록 답답하고 지루한 나날들을 보내면서도 몇몇의 착한 사람들이 동전 몇 닢을 던져주곤 했기에 목구멍에 풀칠은 할 수 있어 다행이기는 했지만, 매일 이렇게 앉아서 지나가며 깡통을 차고 욕하는 사람들과 낯선 이들의 야유와 놀림을 당하고 사는 너무나도 초라한 자신의 인생을 돌아보며 그는 괴로워했다.

'어떻게 하면 이 어두운 터널을 벗어날 수 있을까? 만약 누군가 나에게 눈

차이나는 복의 클래스

을 뜰 수 있는 방법을 가르쳐준다면? 혹시라도 용한 의사가 있어서 눈을 뜰 수만 있다면 얼마나 좋을까?'

하지만 이제껏 그 어떤 맹인도 눈을 떴다는 소식을 들어본 적이 없던 그는 홀로 한숨만 쉬며 절망 가운데 살아간다. 그러던 어느 날 바디매오는 놀라운 소식 하나를 듣게 된다. 유대 땅 베들레헴에서 태어난 예수라는 젊은이가 사람들이 싫어하는 가난한 사람, 병든 사람, 문둥병자나 중풍병자의 친구가 되어주고 세리의 친구가 되어주며 특히 자기 같은 불치의 병을 가진 사람들을 낫게 해줌은 물론 죽은 사람도 살린다는 이야기였다. 더욱이 그가 '다윗의 자손'이라니. 그는 이미 알고 있었다. 이사야 선지자가 오래 전에 예언하신 대로 다윗의 자손이 오시면, 하나님께서 보내시는 바로 그분이 오시면 소경이 눈을 뜨게 될 것임을!

바디매오는 태어나서 지금껏 살아오면서 자기의 귀가 열려 있음을 오늘같이 감사한 날은 없었다. 그는 뛰는 가슴으로 예수의 이야기에 귀를 기울이게 된다.

'혹시나 오늘은 어떤 좋은 소식이 있지 않을까? 혹시나 오늘은 어떤 사람이 예수를 모셔 오지는 않을까?'

급한 마음에 그 사람을 만나고 싶어 지나가는 사람을 붙잡고 물어보기도 했지만 아무도 대꾸해주지 않는 가운데, 바디매오는 오직 귀동냥을 통해 예수의 소문을 모으기 시작한다. 예수는 선지자라더라, 예언자라더라, 불쌍한 사람들을 사랑한다더라, 사회에서 버림받은 사람들을 도와준다더라, 그는 우리가 그토록 기다려오던 메시야라더라… 등등.

그러던 어느 날, 그토록 원하던 소식이 들린다. 예수가 예루살렘으로 가기 위해 자기가 있는 이 여리고를 지나게 된다는 이야기였다. 그래서 바디매오는 기다린다. 기쁜 마음으로, 설레는 마음으로 예수를 기다린다.

'예수를 만나자! 그래서 내 아픈 마음을 이야기하자! 아니지, 나 같은 것이 그분을 만날 수나 있을까? 그분은 멀리 지나가고 나는 이곳에서 사람들에게 밀려 움직이지도 못할 텐데. 뭐 아무렴 어때? 나에겐 목소리가 있잖아. 그동안 구걸하느라 갈고닦은 내 목소리를 높여서 그분을 부르면 혹시나 돌아보시지 않을까? 부를 때는 뭐라고 불러야 하지? 나사렛 예수여! 아니야, 그보다는 불쌍한 자를 사랑하시는 예수여! 아니야, 그렇게 불렀다가는 혹시 내가 단순히 적선을 원하는 것으로 생각하실지도 몰라. 그래, 이렇게 불러야겠다. 다윗의 자손 예수여! 이게 좋을 거 같아. 시끄럽다고 다른 사람들이 나를 때리지는 않을까? 그래도 할 수 없지 뭐. 나는 그분만 만나면 되니까!'

그리고 잠시 후 바디매오는 사람들의 웅성거림을 듣게 된다.

'잠시 후 예수님이 이곳을 지나시는데 그분의 제자가 열두 명이나 된대!'

사람들의 웅성거림이 점점 가까워지자 바디매오는 안절부절못하며 예수님과의 만남을 고대하게 된다. 혹시나 그분이 나를 무시하면 어떻게 하나, 혹시나 사람들이 나를 밀쳐버리면 어떻게 하나. 더 이상 망설일 필요도 없었다. 바로 예수님께서 그 옆으로 다가오심을 느낄 수 있었기 때문이다. 바디매오는 온 힘을 다해 사람들이 모여 있는 쪽으로 소리를 지른다.

"다윗의 자손 예수여! 나를 불쌍히 여기소서!"

그러자 여기저기서 소리가 들렸다.

차이나는 복의 클래스

"야, 네가 뭔데 소리를 질러? 넌 좀 가만히 있어. 거지 주제에 나서고 있어!"

그래도 바디매오는 더욱 크게 소리를 질렀다. 자기의 겉옷을 벗어 던지고, 자기 몸을 의지했던 지팡이도 멀리 던져버리고, 그토록 소중하게 간직했던 깡통도 다 잊어버린 채 오직 하나의 마음으로 간절히 외쳤다. 예수님께서 자기를 돌아봐주시기를 바라면서 "다윗의 자손 예수여! 나를 불쌍히 여기소서!" 하고 소리를 질렀다.

바로 그때! 갑자기 사방이 조용해지면서 예수님인 듯한 어떤 사람의 음성이 들렸다.

"그를 데려오라!"

그러자 힘이 세 보이는 어떤 사람이 바디매오의 손을 잡고 예수님 앞으로 인도하였고 그를 데려오라고 명하신 그 목소리가 다시 작지만 사랑 가득한 음성으로 바디매오에게 질문을 던졌다.

"네게 무엇을 하여 주기를 원하느냐?"

바디매오는 벅차오르는 가슴으로 자신의 눈에서 눈물이 흐르고 있음을 느낄 수 있었다. 여리고 성문, 그 많은 사람들이 지나다니는 이 한 모퉁이에서 그렇게 오랜 세월 구걸하면서 자기를 조롱하는 이, 깡통을 멀리 차버리는 이, 동전을 던지고 도망하는 이, 욕을 하고 가는 사람들은 만나봤어도 이렇게 가까이 다가와서 네게 무엇하여 주기를 원하느냐고 묻는 이는 아무도 없었기 때문이었다.

'아! 이것이 사랑이라는 것인가 보다. 이런 분이라면 틀림없이 나를 고쳐주

실 수 있을 것이다.'

그는 갑자기 어떤 강한 마음이 생김을 느꼈고 그래서 자신 있게 말한다.

"주여, 보기를 원하나이다."

결국 바디매오는 자기의 소원을 이루게 되었고 하나님께 영광을 돌리며 예수를 쫓는 사람이 되었다. 여리고 성에는 많은 사람이 살고 있었지만 유독 이 맹인 거지 바디매오라는 사람이 그 소원을 응답받았다. 여러 가지 이유가 있지만 그중 하나가 바로 '구했다'는 것이다. 그것도 간절하게 구했다는 것이다. 구하지 않으면 응답도 없다.

간절함이 사라져가고 있는 시대다. 무엇인가를 이루고 싶은 간절함! 이 간절함은 때때로 눈물을 동반한다. 삶의 절망 혹은 좌절에서 오는 눈물! 거룩한 사람으로 살고 싶고 그 마음이 간절한데, 예수님을 닮고 싶은 마음이 너무나 간절한데 잘 안 돼서 속상한 마음에 흘리는 눈물!

자신의 한계 앞에서 울어본 적이 있는가? '내가 이렇게 죄를 좋아하는구나. 내가 이렇게 교만하구나. 내가 이렇게 욕심이 많았구나.'

"아~ 하나님의 은혜로 이 쓸데없는 자~" 어느 날 이 찬송을 부르는데 믿어졌다. '내가 참 쓸데없는 짓을 하며 살고 있구나!', '이러고 싶지 않은데 난 왜 이럴까? 하나님이 좋아하실까?'라는 생각으로 답답하고 갑자기 죄가 생각나면서 한계가 느껴지고 슬퍼져서 눈물이 날 때가 있다. 속상하고 답답하고 어찌할 바를 몰라서.

슬픔, 눈물은 나쁜 것이 아니다. 제임스 라이드라는 사람은 "하나님이 만드신 세상에서 제일 슬픈 것은 슬퍼하는 사람 자신이 아니라 너무 무뎌져서

차이나는 복의 클래스

전혀 슬픔이라곤 느낄 수 없는 가슴이다. 너무 이기적이어서 자신의 안락이나 이해에 관계있는 일 이외에 어떤 것도 감정을 유발시킬 수 없는 가슴이다. 슬퍼한다는 것은 사랑한다는 것을 의미하기 때문이다. 애통은 실로 사랑에 대한 보다 깊은 또 다른 한 면이다."라고 말했다.

유명한 말이다. 물론 슬픔이 반드시 좋은 것만은 아니고, 반드시 위로를 받는 것도 아니다. 그런데 간절함조차 없고 사랑이 없다면 슬픔도 눈물도 없을 것이다.

애통하는 사람

성경에 나오는 '애통'이란 헬라어 '펜데오'는 사랑하는 사람을 잃었을 때의 슬픔을 의미한다. 사랑하는 사람이 죽어서 그 죽음을 애도하며 우는 슬픔을 '애통'이라고 하는 것이다. '애통'을 뜻하는 말 중에는 이런 의미도 있다.

한 여자가 결혼해서 남편과 함께 살다가 아들이 하나 태어났다. 너무나 기쁜 마음으로 열심히 살고 있는데 어느 날 큰 사고가 나서 남편이 죽었다. 그때 한없이 슬퍼하며 사랑하는 남편을 먼저 떠나보낸 여인이 아들을 부둥켜안고 우는 울음이 애통이냐? 아니다. 그것을 애통이라고 하지 않는다. 이제 이 여자가 큰 결심을 한다. "내가 다시는 울지 않으리라! 낙담하거나 슬퍼하지 않고 용기 있게 일어나서 내 하나뿐인 아들과 함께 보란 듯이 살아보리라!" 그렇게 열심히 살아서 그나마 살만해진 어느 날, 하나뿐인 아들마저 사고로 죽는다. 이때 홀로 남은 여인의 슬픈 눈물을 성경은 '애통'이라는 단어로 표현한다.

상상이나 되는가? 그 여인을 누가, 무슨 말로 위로할 수 있겠는가? 애통은 단순히 내가 응원하던 팀이 져서 슬퍼하는 것이 아니다. 억울한 일을 당해서 슬퍼하는 것, 내가 잘못해서 용서를 빌었는데 용서해주지 않아서 슬퍼하는 것, 나라에 재앙을 당해서 슬퍼하는 것 등이 아니라 절박함, 아이가 살아나기를 바라는 간절함이 묻어나는 눈물이다. 당신은 이런 간절함이 있는가?

히스기야가 유다의 왕이었을 때, 당시 세계의 패권을 가지고 있었던 앗수르가 쳐들어왔다. 대군을 이끌고 와서 많은 성을 점령하고 이제 예루살렘 성 바로 앞까지 왔다. 항복하라는 협박 문서까지 도착하자 다급해지고 간절해진 히스기야 왕은 협박 문서를 들고 여호와의 성전을 찾았다. 예배당에 들어간 그는 그 문서를 제단 앞에 펴놓고는 간절하게 기도했다.

여호와여 귀를 기울여 들으시옵소서 여호와여 눈을 뜨고 보시옵소서 산헤립이 사람을 보내어 살아 계시는 하나님을 훼방한 모든 말을 들으시옵소서 이사야 37:17

살려달라는 그의 간절한 기도에 하나님께서는 응답하셨고 그날 밤 여호와의 천사들을 보내셔서 앗수르 진중에서 185,000명을 전염병으로 죽이셨다. 그로 인해 전력이 급격히 약화된 앗수르는 급히 철수하게 되고, 침공했던 앗수르의 왕 산헤립은 아들에 의해 살해당한다.

그렇게 큰 문제를 해결하고 다시 용기를 내어 나라를 회복하고 잘 다스려

차이나는 복의 클래스

보려고 했는데, 갑자기 히스기야가 병에 걸려 다 죽게 되었다. 하나님께서는 이사야 선지자를 보내셔서 그에게 사형선고를 하신다.

너는 네 집에 유언하라 네가 죽고 살지 못하리라 이사야 38:1

히스기야는 너무나 다급했다. 그는 죽고 싶지 않았다. 앗수르의 침공도 이겨냈는데, 그렇게 도와주신 하나님께서 이제 히스기야의 목숨을 요구하고 계셨다. 살고 싶은 마음이 너무나 간절해진 히스기야는 이사야 선지자의 말이 떨어지기가 무섭게 얼굴을 벽으로 향하고 기도하기 시작했다. 단순히 기도하는 것이 아니라 자신의 모든 죄를 용서해주시길, 자신이 그동안 행여 선하게 산 것이 있다면 그것을 기억하셔서라도 제발 살려달라고 통곡하며 기도했다.

이사야 38장 3절은 히스기야가 심히 통곡했다고 기록하고 있다. 그러자 하나님의 마음이 약해지셨다. 왠지 그의 위로자가 되고 싶으셨다. 히스기야의 절망을, 그 절박함을 해결해주고 싶으셨다. 그래서 하나님은 다시 이사야를 보내셔서 이렇게 말씀하셨다.

내가 네 기도를 들었고 네 눈물을 보았노라 내가 네 수한에 십오 년을 더하고 너와
이 성을 앗수르 왕의 손에서 건져내겠고 내가 또 이 성을 보호하리라 이사야 38:5~6

주님은 말씀하신다. "애통하는 자는 복이 있나니 그들이 위로를 받을 것임이요."

과거 한국 교회가 불같이 일어날 때 교회에는 눈물이 많았다. 내가 학생 때 다니던 교회에는 기도실이 하나 있었는데, 한 10여 명이 둘러앉을 수 있는 방이었다. 그 방에 가면 늘 퀴퀴한 냄새가 났다. 약간 어두컴컴한 곳에서 방석을 깔아놓고 기도하시던 할머니 권사님과 어머니 또래 되시는 집사님들이 자주 오셔서 기도하셨다. 하나님 보시기에 잘 살고 싶고 잘 믿고 싶은데 약하니까, 없으니까, 답답하니까 하나님께로 나아와서 눈물로 기도하시던 분들이셨다. 눈물, 콧물이 떨어진 방석에서는 퀴퀴한 냄새가 나서 날씨 좋은 날에 커버를 벗겨 빨아 말리던 기억이 있다. 그때는 그렇게 찬송을 부르다가도 울고, 기도하다가도 울고, 말씀 듣다가도 울고, 성가대의 찬송을 듣다가도 울었다. 그런데 언제부터인가 한국 교회에 눈물이 사라져갔다. 건조주의보다. 너무나도 건조하다.

주님도 우셨다. 우리 주님은 눈물이 많으셨다. 불쌍해서 울고, 답답해서 울고, 간절함에 울고 또 우셨다.

♪ 주님도 때로는 울기도 하셨네~

_내 주여 뜻대로 中

예수님께서는 십자가를 지고 가시다 말고 자신을 위해 슬퍼하며 우는 여인들에게 이렇게 말씀하셨다.

예수께서 돌이켜 그들을 향하여 이르시되 예루살렘의 딸들아 나를 위하여 울지

차이나는 복의 클래스

말고 너희와 너희 자녀를 위하여 울라 누가복음 23:28

세상 사람들은 웃으라고 말하지만 예수님은 울라고 말씀하신다. 나사로의 죽음 앞에서도 예수님은 우셨다. 그런데 언제부터인가 우리들에게 간절함도 없어지고 사모함도 없어지고 눈물도 사라졌다. 억울하고 슬프고 답답하고 외로울 때는 하나님께로 나와 울면서 기도하는 것이 아니라 술, 노래방, 여행 등으로 스트레스를 풀려고 한다. 아니, 모아놓은 스트레스를 왜 술에게 풀어 놓는가!

한나의 눈물

구약성경에 나오는 한나는 눈물의 사람이었다. 남편 엘가나는 그녀에게 잘해주었지만 엘가나의 둘째 부인인 브닌나 때문에 한나는 너무나 마음이 아팠다. 한나는 하나님을 신뢰하던 사람이었으나 큰 문제가 있었다. 출산이 축복이고 불임은 죄악의 결과라고 여겨지던 시대에 아이를 낳지 못했던 것이다. 남편 엘가나는 한나에게 더 많은 사랑을 베풀어주었지만 그것이 아무리 대단하여도, 아이를 낳지 못한다는 이유로 브닌나에게 모든 특권을 내줘야만 했다. 브닌나는 날마다 한나를 놀리거나 무시해서 성경적 표현대로라면 한나의 마음을 날마다 격동시켰다.

크고 검고 무서운 파도가 날마다 가만히 약한 채로 서 있는 한나의 삶을 덮

쳐오는 것이다. 이런 가운데 한나는 믿음을 가지고 간절한 소원을 가지게 된다.

"하나님! 제게도 자녀의 복을 주세요! 저도 아이를 안고 젖을 먹일 수 있는 어미가 되게 해주세요!"

그녀는 날마다 하나님께 기도하고 또 기도했다. 일 년에 한 번 성전에 가는 날이면 그 누구보다도 더욱 최선을 다해 준비해 가서 그곳에서 온 마음을 털어놓으며 기도하곤 했다.

한나가 살고 있던 에브라임 산지 라마다임소빔에서 실로까지 가는 길은 그리 쉬운 여정이 아니다. 라마다임소빔이라고도 불리는 라마라는 도시는 팔레스타인 지형의 중심을 흐르는 산악지대에 놓여 있고 그 산악지대의 아래쪽 아얄론 골짜기가 시작되는 곳 정도에 있는 험준한 도시였다. 그리고 그곳에서부터 북쪽으로 산길을 30km정도 가야 실로라고 하는, 제사장이 있고 성소가 있고 언약궤가 있던 예배의 처소가 나왔다. 한나는 간절한 소원을 갖고 하나님께, 바로 하나님께서 명하신 장소에서 아뢰고 싶어 그 먼 산길을 걸어서 성소로 향한 것이다.

여기에 간절한 믿음의 사람의 길이 있다. 강력한 장애물을 극복하고서라도, 게으름과 피곤함과 바쁨을 극복하고서라도 그 산지를 걸어서 성전을 찾는 것! 보고 싶은 것 안 보고, 만나고 싶은 사람 안 만나면서까지 하나님을 찾아 방석 하나 깔아놓고 엎드리는 것! 바로 여기에 믿음이 있다.

한나는 그곳에서 그냥 기도하고 싶었다. 하나님께 아뢰고 싶었다. 내 마음을, 간절한 내 사정을, 내 한계를 모두 다 아뢰고 싶었던 것이다. 그런데 기도

차이나는 복의 클래스

하려고 보니 자기 안에 있는 억울함과 섭섭함과 답답함이 쏟아져 나왔다. 그래서 술 취한 여자처럼 소리도 지르고 울고 또 울었다. 그 모습을 보고 있던 성전의 제사장 엘리는 그녀에게 술을 너무 많이 마셔서 그렇다며 술을 끊으라고 말한다. 그때 한나는 엘리에게 이렇게 대답한다.

> 한나가 대답하여 이르되 내 주여 그렇지 아니하니이다 나는 마음이 슬픈 여자라 포도주나 독주를 마신 것이 아니요 여호와 앞에 내 심정을 통한 것뿐이오니 당신의 여종을 악한 여자로 여기지 마옵소서 내가 지금까지 말한 것은 나의 원통함과 격분됨이 많기 때문이니이다 하는지라 사무엘상 1:15~16

애통이다. 다른 사람 앞에서 하소연하는 게 아니라, 술을 마시고 노래하며 소리를 지르는 게 아니라, 여행을 다니며 스트레스를 푸는 것이 아니라 하나님께 내 원통함과 격분됨과 모든 스트레스를 아뢰고 또 아뢰다보니 울게 되고 외치게 되고 술 취한 사람처럼 보이게 되는 것이다. 그 애통함을 보신 하나님께서는 엘리 제사장을 통해 한나에게 이렇게 말씀하신다.

> 엘리가 대답하여 이르되 평안히 가라 이스라엘의 하나님이 네가 기도하여 구한 것을 허락하시기를 원하노라 하니 사무엘상 1:17

이제 한나는 애통의 과정을 통해서 큰 위로를 받는다. 그래서 그녀는 마음에 있던 모든 근심과 격분, 원통함과 스트레스를 다 내려놓고 기쁨으로 돌아간다. 해결해주심을 믿었기 때문이다.

> 이르되 당신의 여종이 당신께 은혜 입기를 원하나이다 하고 가서 먹고 얼굴에 다
> 시는 근심 빛이 없더라 사무엘상 1:18

위로자 되시는 하나님께서는 애통하며 기도하는 한나를 기억하셨다. 그리고 그에게 위로의 선물을 주시고 해결자가 되어주셨다. 그토록 간절히 원하던 아들을 주신 것이다. 그것도 보통 아들도 아니고 이스라엘의 역사를 새로 쓰게 만든 사무엘을 주셨다. 사사 시대를 넘어 왕정 시대로 넘어가는 역사의 분기점에서 하나님의 뜻에 따라 흩어져 있던 사람들의 마음을 하나님께로 모아오고, 사울 왕과 다윗 왕의 머리에 기름을 부었던 하나님의 선지자 사무엘!

한나를 괴롭히던 브닌나와 그 자녀들의 삶에 대해 우리는 알지 못한다. 그러나 애통하며 살 때 하나님께서 위로자와 해결자가 되어주셔서 허락해주신 사무엘의 이야기를 우리는 알고 있다. 애통하는 자를 위한 위로의 선물, 사무엘! 성경은 이렇게 기록하고 있다.

> 그들이 아침에 일찍이 일어나 여호와 앞에 경배하고 돌아가 라마의 자기 집에 이
> 르니라 엘가나가 그의 아내 한나와 동침하매 여호와께서 그를 생각하신지라 한나
> 가 임신하고 때가 이르매 아들을 낳아 사무엘이라 이름하였으니 이는 내가 여호
> 와께 그를 구하였다 함이더라 사무엘상 1:19-20

차이나는 복의 클래스

구하였더니 생각하시고 주셨다. 이런 위로의 복이, 해결됨의 복이 당신에게도 임하기를 원한다.

위로받는 사람들

그런 유명한 말이 있다.

"눈물 많은 교회는 되고, 눈물 적은 교회는 안 된다!"

신앙생활은 눈물과 함께하는 것이다. 많이 울면서 신앙생활하는 것은 정상이다. 답답하고 속상한 날, 억울하고 격분되는 날, 서운하고 외로운 날! 갈곳도 많고 만날 사람도 많은 사람들은 수상한 사람들이다. 그런 날이면 하나님의 전으로 나오길 바란다. 주님 앞에서 마음을 쏟아내길 바란다.

♪너 예수께 조용히 나가 네 모든 짐 내려놓고

주 십자가 사랑을 믿어 죄사함을 너 받으라

주 예수께 조용히 나가 네 마음을 쏟아노라

늘 은밀히 보시는 주님 큰 은혜를 베푸시리

_너 예수께 조용히 나가 中

삶의 문제가 절박하여 하나님께로 나아와서 울게 될 때 위로를 경험하게 된다. 죄의 문제가 심각해서 용서받고 싶을 때 하나님 앞으로 나아와서 우는 이들에게는 위로가 있다. 베드로도 그렇게 울었다. 예수님을 세 번이나 부인한 날 자신의 초라함을 보며, 죄됨을 보며 그렇게 울었다.

자신만은 주님을 떠나지 않고 그런대로 성실하고 진실하게 살아갈 줄 알았다. 대부분의 사람들이 자기 자신을 평균 이상으로 생각하는 것처럼 말이다. 베드로는 자기가 믿음이 좋은 줄 알았다. 우리들 대부분이 착각하는 것처럼 베드로도 그러했다. 그러다가 자신의 실체를 보게 되었다. 나 살자고 예수님을 배신한 것이다. 그래서 그는 울었다. 눈물로써 회개할 방법밖에 없었다. 그는 통곡을 하면서 울었는데, 성경은 이렇게 기록하고 있다.

> 이에 베드로가 예수의 말씀에 닭 울기 전에 네가 세 번 나를 부인하리라 하심이 생각나서 밖에 나가서 심히 통곡하니라 마태복음 26:75

> ♪사랑하는 주님 내게 다가와 이 밤이 다 가기 전에
> 네가 나를 버리리라 하실 때 왜 그리 섭섭하던지
> 주님과 함께 죽을지라도 배반하지는 않겠다 했던
> 믿음 없는 나의 헛된 맹세 주님 마음 울렸었네
> 내가 그를 알지 못하노라 내가 그를 알지 못하노라
> 내가 그를 알지 못하노라 부인하고 돌아서서 한없이 울었네
> _베드로의 고백 中

나는 이 찬양을 부르면서 많이 울어본 적이 있다. 잘 믿고 싶은데 잘 안돼

차이나는 복의 클래스

서, 주님 뜻대로 산다고 하면서 잘 못 살아서, 그런 게 싫어서 울었다. 상황은 안되지 잘 믿고는 싶지, 건강은 안되지 잘 살고는 싶지, 능력은 없고 경쟁은 더 심해져 가는데 도와줄 이는 하나도 없고, 답답한데 해결할 방법도 없고…. 의지할 곳이라고는 주님밖에 없어서 주님 앞으로 나와서 울었다. 기도하면서 울고, 찬양하면서 울고, 말씀 듣다가 울었다.

눈물의 사람들을 하나님께서 그분의 때에 그분의 방법으로 위로하신다는 약속이 믿어지는가? 한나를 위로하사 사무엘의 복을 주셨듯이, 베드로를 위로하사 초대교회를 맡기시고 큰 사도 삼으셨듯이 우리들에게도 성령을 부어 주셔서 견딜힘을 주시고 헤쳐 나갈 믿음을 주셔서 승리케 해주실 것이 믿어지는가?

시편 56편에서 기자는 이렇게 노래한다.

"하나님이시여 나를 불쌍히 여기소서 내 원수들이 종일 나를 추격합니다. 교만하게 나를 대적하는 자가 많습니다."

또 이렇게 말한다.

"내 원수들이 하루 종일 내 말을 곡해하며 항상 나를 해할 음모를 꾸미고 있습니다. 그들이 공모하고 숨어서 내 거동을 일일이 살피며 나를 죽일 기회만 엿보고 있습니다."

그는 이런 상황 속에서 눈물로써 기도한다. 하나님께 억울함을 토로하면서 이렇게 고백한다.

"주는 나의 슬픔을 아십니다. 내 눈물을 주의 병에 담으소서."

하나님께서는 내 눈물을 병에 담으시고 또 담으시다가 언제 그분의 일을 시작하시는가? 또 한 방울의 눈물이 떨어져 그 눈물 병이 넘칠 때, 그것이 위로의 선물임을 기억하라.

내 어머니가 부르시면서 많이 우시던 찬양이 있다. 예수 믿는다고 이웃 사람들이 뭐라 할 때, 꼭 그렇게 살아야 하느냐고 무시할 때, 그래도 나는 내 신앙의 양심을 따라 하나님 편에서 살겠노라고 다짐하시며 부르시던 찬양이다.

♪ 주여 어린 사슴이 목이 갈하여 시냇물을 찾으면 허덕이듯이

　나의 갈급한 영은 살아 계신 주 나 진정 사모함으로 애가 탑니다

　악한 원수 마귀는 나를 비웃어 너의 찾는 하나님 어디 있느냐

　종일 핍박하오니 나는 주야에 눈물을 흘려 음식을 삼았나이다

　나는 머리 수그려 한숨 지오니 옛날 성전 그리워 눈물집니다

　주의 폭포 소리는 산을 울리고 큰 바다 물결 일어나 넘치나이다

　슬픈 마음 행여나 품지 말지라 낮에 인자하심을 내게 베풀고

　어둔 밤에 노래로 품어주시니 나 진정 주를 우러러 사모합니다

　_ 주여 어린 사슴이 中

이 찬양은 시편 42편 이야기다.

하나님이여 사슴이 시냇물을 찾기에 갈급함 같이 내 영혼이 주를 찾기에 갈급하니이다 내 영혼이 하나님 곧 살아 계시는 하나님을 갈망하나니 내가 어느 때에 나아가서 하나님의 얼굴을 뵈올까 사람들이 종일 내게 하는 말이 네 하나님이 어디

있느뇨 하오니 내 눈물이 주야로 내 음식이 되었도다 시편 42:1~3

살다보면 한계에 부딪힐 때가 많다. 하나님이 아니시면 그 누구도 위로자나 해결자가 되어주지 못하는 그때! 그것이 죄의 문제든, 돈의 문제든, 사람의 문제든 할 것 없이 하나님 앞으로 그 문제를 가지고 나와 솔직하게 내려놓고 기도해보라. 기도하다 보면 울기도 하고, 찬양하다 보면 또 울기도 하겠지만 주께서 그 눈물을 병에 담으시고 귀히 보시며 위로하시고 응답하시고 해결해주실 것이다.

주님은 말씀하신다. "애통하는 자는 복이 있나니 그들이 위로를 받을 것임이요."

죄가 생각날 때마다, 한계에 부딪힐 때마다, 삶의 여러 가지 문제 앞에서 눈물로 하나님 앞에 나오면 그 간절함을 하나님께서는 잊지 않으시고 해결하시며 위로해주실 것을 믿는다. 하나님은 위로자시니까. 어쩌면 나보다도 당신은 더 많은 위로 속에서 살아왔을 것이다. 단지 잊고 살아온 게 아닐까.

땅을 차지하는 사람들

Heavenly Blessings in Your Life

온유한 자는 복이 있나니
그들이 땅을 기업으로 받을 것임이요
마태복음 5:5

땅을 차지하는 사람들

길들여지는 것

온유한 자는 복이 있나니 그들이 땅을 기업으로 받을 것임이요 마태복음 5:5

온유한 자들에게 땅을 주신다는데, 그게 무슨 말씀일까? '온유하다'고 하는 원래의 말, 신약성경에 쓰인 희랍어 '프라우테스'는 '길들여진 인격', '다스려진 인격'이란 뜻이다. 다스려지고 길들여진 것을 온유해졌다고 표현한다. '프라우테스'란 단어를 사용하는 3가지 경우가 있는데, 첫째는 열이 막 올라서 얼굴이 뻘겋게 되었다가 그것이 진정되면 이것을 프라우테스라고 한다. 둘째로 흥분해서 땀을 뻘뻘 흘리다가 그것이 식어지면, 셋째로 사나운 짐승이 길들여지면 프라우테스라고 한다.

제주도에 가보면 말 타는 곳이 많이 있다. 그 말들은 원래 그렇게 유순한 말이 아니고 마음대로 뛰어다니는 야생마였지만 조련사의 손에 잡혀서 길들여진 것이다. 바로 그러한 것을 온유해졌다고 표현한다. 온유하다는 말은 우리나라 말로 번역하는 게 쉽지 않은 단어인데, 제일 비슷한 단어가 '길들여졌다'이다.

신앙인이라면 하나님의 말씀에 길들여져야 한다. 텔레비전에 길들여지거나, 세상 문화에 길들여지면 안 된다. 하나님의 말씀에 길들여져서 땅을 차지하는 여러분이 되길 바란다.

심령이 가난한 사람에 관한 말씀이 스스로의 영역이라면, 온유함은 다른 사람과의 관계성 속에서 비롯되는 말이다. 온유한 사람은 성을 내지 않거나 화가 나도 쉽게 가라앉힐 것이다. 또한 악을 악으로 보복하지 않고 선으로 갚을 것이다. 마치 예수님께서 자신을 십자가에 못 박는 그들을 용서하심 같이 예수님을 닮아가려는 사람! 자기를 죽이려는 사람들을 용서한 스데반이나 자기를 매질하던 동족을 위해 복음을 증거한 사도 바울도 예수님의 말씀에 길들여진, 예수님을 닮았던 온유한 사람들이다.

성경에서 온유한 사람의 대명사격은 모세다. 사람을 때려죽일 정도로 분노하던 모세! 억울한 감정과 피해의식과 열등감 속에서 살던 모세! 그러한 모세가 그 모든 것을 하나님의 말씀 앞에 내려놓고 그분의 뜻에 자신을 맞추어 갔다. 길들여진 것이다. 그래서 그는 성경에서 온유한 사람의 대명사로 불려진다.

차이나는 복의 클래스

그 과정이 얼마나 길고 힘들었겠는가! 그는 십계명을 받으러 시내산에 올라갔다가 40일 동안 금식기도를 하고 내려왔다. 기운이 하나도 없고 눈도 침침하며 귀도 들리지 않고 한없이 졸렸을 것이다. 그런데 그가 백성들이 우상 숭배를 하는 모습을 보고는 그 혈기를 참지 못한다. 많이 길들여지고 다스려진 줄 알았는데 아직 아니었던 것이다. 그는 하나님께 직접 받은 십계명 돌판 두 짝을 집어던져 깨버렸다. 그래도 화가 풀리지 않았던 모세는 금으로 만든 송아지 우상을 불에 넣고 녹여서 우상 숭배 축제에 참여했던 이들에게 먹여버렸다. 그래도 분이 안 풀렸다. 그게 바로 모세다.

당신은 이럴 때가 없었는가? 억울한 마음, 섭섭한 마음, 싫은 감정이 다스려지지 않을 때가 없었는가? 화가 나고 속상하고, 이렇게 살다가는 암에 걸려 죽을 것만 같아 누구라도 붙잡고 하소연하고 싶은 날! 그래서 공연히 남편을 구박하고, 애들을 구박하지는 않았는가? (못났다!)

그런데 그러한 모세가 하나님께서 인정하시는 온유함의 대명사가 된다. 오랜 세월 하나님과 함께 걸어가면서 하나님을 닮아가며 주님의 말씀으로 자신을 다스려간다. 이 과정을 요한 웨슬레 목사님은 '그리스도의 완전'이라고 표현하였다. 완전을 향한 발걸음! 성령께서 함께하시며 도와주시는 완전으로의 순례길!

예수를 믿으면 뭔가 달라지는 게 있어야 한다. 변화되지 않는 그리스도인은 없다. 변화가 없다면 그는 가짜다. 하나님의 말씀에 길들여져 가는 사람이 온유한 사람이다. 이사야 선지자가 이스라엘 백성들에게 그토록 화를 내며 외쳤던 이유는 그들이 하나님의 말씀에 길들여지지 않고 세상의 흐름대로,

세상 문화에 길들여져서 자신이 하나님의 자녀임을 잊고 살았기 때문이다.

오늘날도 크게 다르지 않다. 자꾸만 세상을 닮아가고 세상의 흐름, 세상의 문화에 빠져 살아간다. 문화를 이기는 것이 아니라 문화에 길들여지는 것이다. 원망 문화, 보복 문화, 외형 문화에 길들여져 가고 보여주는 문화에 길들여져 가서 자신의 내면이 하나님으로부터 멀어지고 있다. 그러니 죄가 곪아도 깨닫지를 못한다.

그래서 아이들을 어릴 때부터 교회 공동체 안에서 기르는 것이 매우 중요하다. 신약성경 중 마가복음을 쓴 마가는 어릴 때부터 신앙 공동체 안에서 자라났기에 초대교회의 위대한 사역자가 되었고, 최초로 예수님의 이야기를 글로 남기는 위인이 된 것이다. 어릴 때 그가 어떤 분위기에서 길들여져 가느냐 하는 것은 그의 인생 전체를 좌우한다.

학원이 중요한 게 아니다. 지식 교육만이 중요한 게 아니다. 지식 교육 이전에 인성, 감성, 영성 교육이 대단히 중요하다. 특히 텔레비전에 길들여져서는 안 된다. 아이들이 텔레비전을 많이 보고 핸드폰 게임에 빠져 있는 것은 매우 안 좋다. 엄마가 읽어주는 성경 동화, 아빠와 함께하는 놀이가 정말 좋다. 교회에서 주일날 유치부 생활부터 차근차근 몸에 익힌 아이들은 어른이 되어서도 크게 어긋나지 않는다. 비록 멀리 돌아갈 수는 있어도 곁길로 빠져 방탕하게 사는 경우가 거의 없다.

혼전 성관계 안 된다! 아무리 텔레비전에서 괜찮다고 해도 하나님이 아니라고 하시면 아닌 것이다. 부정부패, 도둑질, 모함, 음란, 뒷담화, 게으름, 원망 모두 다 안 된다. 아무리 세상이 그렇게 흘러간다 해도 하나님이 아니라고

차이나는 복의 클래스

하시면 아니다. 육체의 정욕과 안목의 정욕과 이생의 자랑에 길들여져 가면 안 된다.

♪ 세상 풍조는 나날이 갈리어도 나는 내 믿음 지키리니

_ 주여 지난 밤 내 꿈에 中

온유한 자 야곱이 받은 복

온유함의 대명사로 여길 만한 사람이 또 있다. 바로 야곱이다. 창세기 37장 1절은 이렇게 쓰여 있다.

야곱이 가나안 땅 곧 그의 아버지가 거류하던 땅에 거주하였으니

그리고 2절은 이렇게 시작한다.

야곱의 족보는 이러하니라 요셉이 십칠 세의 소년으로서

여기서 '야곱의 족보는 이러하니라'라는 표현은 여기까지가 야곱의 이야기라는 뜻이다. 다시 말해, 이제 야곱의 이야기는 여기서 끝나고 요셉의 이야기가 시작된다는 뜻이기도 하다. 더 정확히 표현하면 '야곱의 족보는 이러하니

라'라는 어구 다음에 마침표가 있어야 한다.

'야곱의 족보는 이러하니라.' 그리고 줄을 바꿔서

'요셉이 십칠 세의 소년으로서' 이게 맞다.

자, 그러면 이런 이야기가 가능하다. 야곱의 생애에 관한 이야기의 결론이 1절 내용이라는 것이다. 창세기 25장에서부터 시작된 야곱의 이야기가 37장 1절에서 끝나게 되는데 그 결론이 37장 1절인 것이다. 성경은 야곱의 삶을 한 구절로 결론 내린다.

"야곱이 가나안 땅 곧 그의 아버지가 거류하던 땅에 거주하였으니"

야곱이 그 아버지 이삭이 살던 땅에 살게 되었다는 것이 야곱 일생의 결론이다. 왜 창세기 기자는 이런 결론을 내려야 했을까? 하나님께서는 흙으로 사람을 지으셨고 그 흙의 근원은 땅이다. 사람은 땅에서 태어났고 땅을 딛고 땅과 함께 살다가 땅으로 돌아간다. 즉, 땅은 사람의 모든 것이다.

창세기 1장에는 '땅'이라는 단어가 13번이나 나온다. 땅이 혼돈했고, 땅에서 풀과 채소와 나물이 나왔고, 땅을 비추기 위해서 광명체를 만드셨고, 땅 위를 날아다니도록 새를 만드셨고, 가축과 기는 것과 짐승이 땅에서 나왔다. 하나님께서는 아담과 하와를 지으셨고 그들에게 땅을 맡기시고 다스리게 하셨다. 강도 땅에서부터 나왔고, 사람을 만드실 때도 그 땅에서 재료를 구하셨다.

그런가 하면 아담, 가인이 죄를 짓고 떠났을 때 하나님께서는 땅을 통하여 가인을 저주하셨다. 아담에게는 땅이 풀과 채소와 나물이 아닌 가시덤불과 엉겅퀴를 낼 것이라 하셨고 가인에게는 땅에서 저주를 받을 것이라고 하셨다. '네가 밭을 갈아도 땅이 다시는 그 효력을 네게 주지 아니할 것이요 너는 땅에서 피하며 유리하는 자가 되리라'(창세기 4:12)라고 말씀하셨다. 성경에 땅이라는 단어는 무려 2415번이 나온다. 그만큼 강조되고 중요하게 다루어지는 것이다.

하나님께서 아브라함에게 처음 하시는 축복의 말씀이 창세기 12장 1절에 나온다. 하나님께서 아브라함에게 약속하시는 것이 무엇인지 보라.

여호와께서 아브람에게 이르시되 너는 너의 고향과 친척과 아버지의 집을 떠나 내가 네게 보여 줄 땅으로 가라 창세기 12:1

땅을 주신다는 말씀이다. 또한 아브라함이 복의 근원이 될 것이라고 하시는데, 그때에도 땅을 말씀하신다.

너를 축복하는 자에게는 내가 복을 내리고 너를 저주하는 자에게는 내가 저주하리니 땅의 모든 족속이 너로 말미암아 복을 얻을 것이라 하신지라 창세기 12:3

하나님의 말씀에 따라 가나안을 향했던 아브라함이 차지한 것도 땅이다.

아브람이 그의 아내 사래와 조카 롯과 하란에서 모은 모든 소유와 얻은 사람들을 이끌고 가나안 땅으로 가려고 떠나서 마침내 가나안 땅에 들어갔더라 창세기 12:5

그렇게 열심히 하나님을 따르던 아브라함이 삶에 지치고 사업이 망해서 실망하여 낙망 중에 있을 때 그에게 용기를 주시면서 격려하신 하나님께서 하신 말씀도 땅과 관계가 있다.

보이는 땅을 내가 너와 네 자손에게 주리니 영원히 이르리라 내가 네 자손이 땅의 티끌 같게 하리니 사람이 땅의 티끌을 능히 셀 수 있을진대 네 자손도 세리라 너는 일어나 그 땅을 종과 횡으로 두루 다녀 보라 내가 그것을 네게 주리라 창세기 13:15~17

더 읽을 것도 없이 창세기를 쭉 읽다 보면 하나님께서 약속하신 것은 땅이었다는 것을 알 수 있다. 하나님께서는 아브라함에게 땅을 주고 그곳에서 살게 하신다고 약속하셨다. 땅 한 평 없이 유리하던 그들에게, 유목민이었던 그들에게 하나님께서는 땅을 약속하셨다. 그래서 이스라엘 사람들은 땅을 매우 중요하게 생각한다.

유대인들은 땅의 신학을 가지고 있다. 부동산 투자 같은 게 아니다. 하나님께서 그들에게 살도록 허락하신 그 땅을 매우 소중히 여기는 것이다. 그들에게는 돈이 많고 적음이 중요한 게 아니라 그 땅에 살고 있느냐가 중요하다. 약속의 땅에 살면 천국에 가는 것이고, 그 약속의 땅을 놓치면 아무리 돈이 많아도 하나님과는 상관이 없게 된다고 생각했다. 이 땅의 신학은 창세기 전체에, 성경 전체에 흐르는 아주 중요한 생각 중에 하나다.

예를 들어, 아브라함에게는 세 명의 부인이 있었는데 첫째는 사라요 둘째

차이나는 복의 클래스

는 하갈이요 셋째는 그두라다. 사라가 이삭을 낳고, 하갈이 이스마엘을 낳고, 그두라는 여섯 명의 자녀를 낳아서 아브라함에게는 총 8명의 아들이 있었다. 그중 누가 하나님께서 아브라함에게 약속하신 땅을 차지하는가? 바로 이삭이다.

배다른 형 이스마엘은 그의 어머니 하갈과 일찍 정리가 되어 경쟁자가 아니었다. 하나님의 뜻을 알고 있던 아브라함이 이삭의 장성함을 보면서 나중에 문제가 될 것 같은 하갈과 이스마엘을 멀리 떠나보낸 것이다. 오히려 강력한 경쟁자는 이스마엘이 아니라 나중에 생긴 배다른 동생들이었다.

아브라함이 137세가 되었을 때 이삭의 엄마인 첫 번째 부인 사라가 죽는다. 사라가 죽은 후 아브라함은 아들 이삭을 서둘러 결혼시키는데, 아마도 땅을 물려줄 생각도 했을 것 같다. 그런데 문제가 생겼다. 이삭과 리브가 사이에서 아들이 태어나질 않는 것이다. 하나님께서 주신다고 약속하셨고, 다스리라고 말씀하신 그 땅이 임자를 잃게 되는 상황이었다.

다급해진 아브라함은 이 문제를 스스로 해결하려고 한다. 이 핑계, 저 핑계를 찾다가 결국 세 번째 부인인 그두라를 얻은 것이다. 140세가 넘는 나이에 젊은 부인을 얻어서 6명의 아들을 낳았다. 아브라함은 어느덧 150세가 넘었고, 젊은 아내와 아들들이 있었다. 이제는 그들이 땅을 유업으로 받을 수 있을 것 같았다. 그런데 죽기 전 어느 날 문득 아브라함은 다시 믿음의 눈으로 하나님의 뜻을 헤아리게 된다. 이스마엘을 내보내라고 하신 하나님은 그두라의 자녀들이 아니라 이삭을 통해서 그분의 일을 이루어 가실 것 같았다.

이삭의 태어남을 전혀 생각하지 못했을 때 아브라함은 인간적인 방법으로 하갈에게서 이스마엘을 낳았고, 나중에 이삭이 태어난 후 아브라함은 아들 이스마엘과 아픈 이별을 해야만 했다. 모리아 산에서 이삭을 죽여 하나님께 제물로 바치려 할 때에도 하나님께서는 이삭을 살려주셨다. 가만히 생각해보니 이 땅의 임자는 결국 이삭이 되어야 할 것 같았고, 그 이후의 문제는 아브라함이 관여할 문제가 아니라 하나님과 이삭 사이에서 해결되어야 할 것 같은 믿음이 생긴 것이다.

아브라함은 드디어 큰 용기를 내어 사랑하는 그두라와 여섯 아들을 떠나보낸다. 당시 아브라함에게는 너무나 사랑하는 아내이자, 자녀들이었다. 아브라함의 삶에 꼭 필요한 사람들이었으며 큰 도움과 위로와 힘이 되는 가족이었다. 그럼에도 불구하고 아브라함은 하나님의 섭리를 믿으며 큰 결단을 내린다.

그렇다고 그들을 빈손으로 보낼 수는 없었기에 재산을 정리한다. 170세가 넘은 나이에 평생 모은 모든 재산을 정리하여 땅을 제외하고는 모두 현금으로 바꿨다. 그리고 사랑하는 아내 그두라와 여섯 아들들에게 나눠주고는 그들을 동방으로 멀리 떠나보낸다. 하갈과 이스마엘을 보낼 때 아파했던 것보다 더 아픈 마음으로 그들을 떠나보낸다. 이제 아브라함은 땅 외에는 아무것도 없는 가난뱅이가 되었다. 이렇게 그는 평생 모은 모든 재물을 포기했다. 이에 대해 성경은 이렇게 기록하고 있다.

아브라함이 이삭에게 자기의 모든 소유를 주었고 자기 서자들에게도 재산을 주어 자기 생전에 그들로 하여금 자기 아들 이삭을 떠나 동방 곧 동쪽 땅으로 가게 하였

차이나는 복의 클래스

더라 창세기 25:5~6

여기서 이삭에게 준 소유는 땅을 의미하고, 서자들에게 준 재산은 요즘으로 치면 화폐를 의미한다. 그렇게 이삭은 아버지 아브라함에게서 땅을 물려받았고, 그 후에 아버지의 믿음대로 결혼한 지 20년이 지나서야 두 아들을 낳는다. 바로 에서와 야곱이다.

이삭은 생각했다. 장자 에서가 이 땅의 임자가 될 것이고 하나님께서 약속하신 복을 받을 것이며 이 땅을 다스리는 자가 될 것이라고. 그래서 그는 범죄한 야곱을 떠나보내는 일에 그리 망설이지 않았다. 이삭은 아버지 아브라함이 자신을 그 땅의 주인으로 삼기 위해 이스마엘 형과 여섯 동생들을 떠나보내는 것을 보았기에, 자신의 둘째 아들 야곱 역시도 그렇게 떠나보냈다. 비록 야곱에게 모든 것을 다 주겠노라고 기도하며 복을 빌어줬지만 에서의 폭력을 피해서 떠나보낸다. 어차피 에서도 이삭의 아들이며 장자이므로 하나님의 뜻에서 벗어나지는 않는다고 생각했을 수도 있다.

그런데 하나님의 생각은 달랐다. 에서가 아니라 야곱에게 하나님의 마음이 머물렀던 것이다. 성경은 이에 대해 이렇게 기록하고 있다.

여호와께서 이르시되 내가 너희를 사랑하였노라 하나 너희는 이르기를 주께서 어떻게 우리를 사랑하셨나이까 하는도다 나 여호와가 말하노라 에서는 야곱의 형이 아니냐 그러나 내가 야곱을 사랑하였고 에서는 미워하였으며 그의 산들을 황폐하게 하였고 그의 산업을 광야의 이리들에게 넘겼느니라 말라기 1:2~3

하나님께서는 야곱에게 그 땅을 주고 싶으셨다. 그런데 하나님의 일은 그렇게 쉽게 이루어지지 않는다. 철없는 야곱은 그 땅에 크게 관심이 없었다. 형 에서의 미움을 피해 땅을 버리고 도망쳐버린 것이다. 외삼촌 라반의 집으로 도망가서 살면서는 그 땅보다 여자에게 관심이 많았다. 그래서 무려 4명의 부인을 얻는다. 자녀에게도 관심이 많아, 아들만 12명을 낳고 딸까지 낳았다. 이처럼 야곱은 자신의 욕심을 위해서 살았지, 하나님의 말씀이나 약속에는 별 관심이 없었다. 그런 야곱을 하나님께서는 아주 다양한 방법으로 길들여 가셨다.

가난도 경험하게 하시고, 도망자의 삶도 살게 하셨으며, 저주의 대상이 되게도 하셨다. 열심히 살았지만 허망하게도 하셨다. 그래서 야곱은 많이 노력해야 했지만 고민도 많았다. 정정당당하기보다는 온갖 치사한 방법을 다 사용해서라도 이기며 살려고 했는데, 결국 절망과 패배의 사람이 되었다. 이 모든 과정을 통해서 야곱은 자신의 한계를 철저하게 깨닫고, 다시 하나님을 신뢰하게 되었다. 벧엘과 얍복 강에서 자신을 두 번이나 찾아와 만나주셨던 그 하나님의 뜻에 순종하기로 결심한 것이다.

이런 야곱에게, 벧엘이 아니라 세겜에서 편하게 누리고 즐기며 살고 싶어 했던 야곱에게 하나님께서는 그 땅으로 다시 돌아가라고 말씀하신다.

하나님이 야곱에게 이르시되 일어나 벧엘로 올라가서 거기 거주하며 네가 네 형 에서의 낯을 피하여 도망하던 때에 네게 나타났던 하나님께 거기서 제단을 쌓으라 하신지라 창세기 35:1

차이나는 복의 클래스

드디어 야곱은 큰 결심을 한다. 바로 그 땅으로 돌아가서 그 땅의 주인이 되기로 한 것이다. 그는 세상 문화에 푹 빠져 사는 부인들과 자녀들 그리고 하나님의 뜻으로부터 멀어진 채 살고 있는 모든 가족들을 소집해서 큰 선언을 한다. "나 이제 정신 차리고 하나님의 뜻대로 살 거야! 양다리 걸치며 살던 생활을 이제 다 정리하고, 하나님의 뜻에 맞춰 나를 만들어 갈 거야! 그러니 너희들도 그렇게 살기로 다짐하며 함께 약속의 땅으로 돌아가자!"라고.

비록 그곳에 에서라는 강력한 라이벌이 있다 할지라도, 하나님의 뜻을 따라 죽더라도 그곳으로 돌아가기로 한 것이다. 성경은 이에 대해 이렇게 기록하고 있다.

야곱이 이에 자기 집안 사람과 자기와 함께 한 모든 자에게 이르되 너희 중에 있는 이방 신상들을 버리고 자신을 정결하게 하고 너희들의 의복을 바꾸어 입으라 우리가 일어나 벧엘로 올라가자 내 환난 날에 내게 응답하시며 내가 가는 길에서 나와 함께 하신 하나님께 내가 거기서 제단을 쌓으려 하노라 하매 창세기 35:2~3

가족들이 그의 말에 동의하고 협조함으로써 야곱은 그들을 이끌고 약속의 땅으로 출발한다.

그들이 자기 손에 있는 모든 이방 신상들과 자기 귀에 있는 귀고리들을 야곱에게 주는지라 야곱이 그것들을 세겜 근처 상수리나무 아래에 묻고 창세기 35:4

정리할 것을 정리하고 그렇게 야곱이 약속의 땅으로 돌아가자, 그곳에 있던 에서는 심난해졌다. 분명 아버지 이삭의 모든 것이 자기 소유였는데 경쟁도 되지 않을 것 같던 야곱이 돌아왔기 때문이다. 또 야곱을 경쟁자로 알고 있던 모든 부족들에게도 야곱은 근심거리가 되었다. 그런데 하나님께서는 그분의 뜻대로 땅을 이어받고 그 땅에 살며 그 땅을 다스리기 원하는 야곱을 지켜주셨다. 그의 경쟁자들의 마음을 돌이키신 것이다. 성경은 이에 대해 이렇게 기록하고 있다.

그들이 떠났으나 하나님이 그 사면 고을들로 크게 두려워하게 하셨으므로 야곱의

아들들을 추격하는 자가 없었더라 창세기 35:5

이뿐만이 아니다. 야곱이 밧단아람이란 세상에서 돌아오자 하나님께서는 기뻐하시며 그에게 복을 주셨다.

야곱이 밧단아람에서 돌아오매 하나님이 다시 야곱에게 나타나사 그에게 복을 주

시고 하나님이 그에게 이르시되 네 이름이 야곱이지마는 네 이름을 다시는 야곱

이라 부르지 않겠고 이스라엘이 네 이름이 되리라 하시고 그가 그의 이름을 이스

라엘이라 부르시고 하나님이 그에게 이르시되 나는 전능한 하나님이라 생육하며

번성하라 한 백성과 백성들의 총회가 네게서 나오고 왕들이 네 허리에서 나오리

라 내가 아브라함과 이삭에게 준 땅을 네게 주고 내가 네 후손에게도 그 땅을 주리

라 하시고 창세기 35:9~12

차이나는 복의 클래스

여러 가지 복 중에 하나가 바로 땅을 주신다는 것이었다. 그런데 이 약속이 아직 이뤄지지 않고 있었다. 그 땅의 주인은 여전히 에서였다. 아브라함에게 약속하신 땅이 많은 경쟁자를 제치고 이삭에게로 갔고 다시 에서의 손에 있게 된 것이었다. 얼마 지나지 않아서 아버지 이삭이 죽자, 에서와 야곱은 함께 장례를 치른다. 그리고 무슨 일이 일어났는지는 모르겠지만 참 묘한 구절 하나가 눈에 확 들어온다. 창세기 35장의 마지막 부분은 이삭의 죽음을 기록하고 있고, 36장 전반부는 에서의 이야기가 나와 있는데 에서의 이야기 중 이런 구절이 있다.

> 에서가 자기 아내들과 자기 자녀들과 자기 집의 모든 사람과 자기의 가축과 자기의 모든 짐승과 자기가 가나안 땅에서 모은 모든 재물을 이끌고 그의 동생 야곱을 떠나 다른 곳으로 갔으니 두 사람의 소유가 풍부하여 함께 거주할 수 없음이러라 그들이 거주하는 땅이 그들의 가축으로 말미암아 그들을 용납할 수 없었더라 이에 에서 곧 에돔이 세일 산에 거주하니라 창세기 36:6~8

하나님의 복 주심 속에 부유함의 은사가 임했다. 하나님께서 약속하신 풍성함의 복이 이루어진 것이다. 그 척박하고 황량했던 곳이 옥토가 되어 넉넉해졌다. 에서와 야곱이 함께 살 수 없을 만큼 양과 소와 낙타와 가축들이 떼를 이루었다. 과거 아브라함과 롯이 함께 거주할 수 없이 풍성해졌을 때 롯이 먼저 선택하고 떠났던 것처럼 이번에는 에서가 떠나갔다. 롯이 소돔을 선택하고 먼저 갔듯이 에서는 세일 산 쪽을 선택하고 떠나갔다. 드디어 땅의 주인이 바뀌었다. 에서는 그곳에서 부족을 이루었고, 그 자녀들도 부족을 이루어 각자 부족장이 되는 큰 명예를 얻었다. 덕분에 야곱도 수지맞게 되었다. 땅의 소유가 아브라함 → 이삭 → 에서가 아니라 아브라함 → 이삭 → 야곱으로 바뀌게 된 것이다.

그래서 창세기 37장 1절은 야곱의 일생을 이렇게 마무리짓고 있다.

야곱이 가나안 땅 곧 그의 아버지가 거류하던 땅에 거주하였으니 창세기 37:1

야곱의 일생은 '떠남'과 '돌아옴'으로 요약할 수 있다. 그 땅을 떠났던 야곱이 다시 그 땅으로 돌아왔다. 긴 세월이 흘렀고 긴 아픔의 과정도 겪었다. 그의 말대로 험악한 인생을 살았다. 그 과정 속에서 그는 길들여져 갔다. 야생마와 같아서 누구도 길들일 수 없을 것 같았던 야곱을 하나님께서는 길들이셨다. 말씀으로 길들여진 야곱은 이제 힘이 빠지고 하나님의 뜻을 분간하고 순종할 때 즈음에 가나안에 들어오게 된다.

예수님은 말씀하셨다. "온유한 자, 곧 말씀에 길들여져서 순종이 가능케 된 자는 복이 있나니 그들이 땅을 기업으로 얻을 것임이요."

아무나 가나안에, 천국에 들어갈 수 없다. 말씀으로 길들여진 자들이어야 한다. 믿음이 있다고 말하면서 행함이 없는 자가 아니다. 믿음이 있기에 그 말씀을 믿는 믿음으로 사랑을 몸으로 실천하는 사람들이다. 그들에게 주어지는 복이 바로 땅을 차지하는 축복이다. 약속의 땅을 차지하는 것이다. 하나님의 약속들이 그들을 통해 이루어진다. 성경에 기록된 많은 약속들이 이루어

차이나는 복의 클래스

지는 사람은 바로 그런 사람들이다. 온유한 자들!

온유하지 못한 자들의 결말

모세나 야곱과 같이 온유한 사람들도 있지만, 성경에 보면 참 아까운 사람
이 있다. 바로 삼손이다. 그는 도대체 길들여지지 않은 사람이었다. 그는 나
실인으로 태어났는데, 나실인이란 어머니의 모태에서부터 구별된 하나님의
사람을 일컫는 말이다. '나실인'은 히브리어로 '나자르', 즉 '성별된', '봉헌된',
'구별된'의 뜻이 있다. 이런 나실인에게는 금지된 항목들이 있었다.

민수기 6장 2절 이하를 보면 그는 포도주를 포함한 모든 독한 술을 마시면
안 되었고 머리를 깎는 것도, 죽은 시체 옆에 가는 것도 하면 안 되었다. 그의
부모나 형제자매가 죽은 때에라도 시체 옆에 가까이 가면 안 되는 사람이 나
실인이었다. 그렇게 하나님의 말씀에 철저하게 길들여져서 살 때 하나님께서
는 그렇게 사는 나실인들에게 영력과 지혜를 주시고 권능을 부여하셔서 많은
이스라엘 사람들이 잘 살도록 사용하셨고, 이스라엘의 지도자가 되게 하셨
다. 민족 분쟁이 많을 때나 전쟁이 자주 일어날 때 나실인들을 통하여 하나님
께서는 그분의 거룩한 일들을 이루셨다.

어쩌면 우리들은 이 시대의 나실인일 것이다. 세상에 길들여지면 안 되고
거룩한 하나님의 백성으로 살아야 할 사람들! 무엇이 하나님의 영광을 위하
는 일인가를 생각하며 살아야 하는 사람들! 세상 풍조에 휩쓸려 가지 않고 하

나님의 말씀에 뿌리를 내린 사람들! 하나님 사랑, 이웃 사랑이라는 대전제를 가슴에 품고 사는 사람들!

그런데 삼손은 그렇게 살지 않았다. 사사기를 읽어보면 삼손은 늘 잔칫집에 가 있었다. 하나님의 사람으로서 어울려서는 안 되는 사람들과 어울리면서 잔칫집에서 술을 마시고 싸움판을 벌였다. 하나님의 말씀에 자신을 다스려가는 것이 아니라 세상 풍조에 자신을 맡겼다. 그냥 흘러가는 대로 흘러간 것이다. 물론 술을 마시는 게 죄는 아니다. 그러나 삼손은 마시면 죄가 된다. 술 자체가 문제가 되는 게 아니라 누가, 얼마만큼, 누구와 마시느냐가 문제가 되는 것이다. 삼손은 술 근처에도 가면 안 되는 사람임에도 불구하고 잔칫집을 전전하며 살았다. 오늘날 우리도 마찬가지다. 하나님의 말씀에 길들여지면 술자리가 그렇게 반갑지 않아야 정상이다.

내 친구 중에 대전의 한 교회의 장로가 된 사람이 있는데, 그는 군대에 있을 때부터 그렇게 술을 좋아하더니 아직도 술을 못 끊었다. 지난번에 만날 기회가 있어 아직도 술을 못 끊었냐고 물어보니, "아이고 목사님! 그게 끊어지는 게 아니야. 없어서 못 먹지." 하고 대답한다. 그 친구 부인이 권사님인데 옆에서 "술 때문에 죽겠어요. 다른 건 다 잘하는데 왜 그렇게 술을 정리하지 못하는지. 한두 가지 흠 있는 거야 어쩔 수 없지만 왜 하필 그게 술이냐고요." 한다. 길들여지기 참 어렵다. 술이 문제가 아니다. 한 교회의 장로가 술을 마신다는 게 문제다. 교인들이 모여서 술판을 벌인다는 게 문제다. 목사가 예배드리러 오는데 코가 빨개져서는 술 냄새를 풍기면 은혜가 되겠는가?

어느 날 배가 고팠던 삼손은 지나가다가 꿀을 보게 된다. 그런데 꿀을 따

먹으러 가까이 갔더니 그곳에는 사자가 죽어 있었다. 그러면 어떻게 해야 할까? 다른 사람들은 가까이 가도 된다. 그러나 나실인은 안 된다. 부정한 시체를 가까이하면 안 되므로 차라리 꿀을 포기하는 것이 나실인의 길, 신앙인의 길이다. 그런데 삼손은 꿀을 먹고 싶은 마음에 시체 옆에 머물렀다. 다른 사람은 다 가도 나실인은 안 되는 게 있었음에도 말이다.

이 세상을 살면서 다 누리고 먹고 마시며 마음대로 해도 된다. 그러나 그렇게 살면서 천국을 기대해서는 안 된다. 천국은 그런 사람들이 가는 곳이 아님을 알아야 한다. 절제, 희생, 용서, 관용, 배려, 헌신, 충성, 기도, 믿음, 소망, 사랑과 같은 단어들과 친하지 않으면서 천국을 기대하면 안 된다. 다른 사람들은 다 해도 되지만, 믿는 사람들은 하면 안 되는 것들이 있다.

삼손은 또한 사랑해서는 안 될 사람을 가까이했다. '들릴라'라고 하는 블레셋 여자를 사귄 것이다. 그녀에게 푹 빠진 삼손은 절대로 말해서는 안 되는 하나님과의 비밀까지 이야기하고 만다. 삼손이 가진 천하장사 힘의 비밀이 머리카락에 있다는 것을 알게 된 들릴라는 많은 돈을 받고 블레셋 군사들에게 그 정보를 팔아버린다. 블레셋 군사들은 들릴라에 의해 머리카락이 잘린 삼손을 잡아다가 두 눈을 빼버리고, 줄로 묶어서 나귀가 돌리는 맷돌을 돌리게 했다. 그렇게 살다가 삼손은 초라하게 죽는다. 도대체 길들여지지 않은 사람, 삼손! 그가 차지할 땅은 없었다.

주님은 말씀하신다. "온유한 자는 복이 있나니 그들이 땅을 기업으로 받을 것임이요."

어디 삼손뿐이겠는가. 성경은 온유해지지 않아서, 하나님의 말씀으로 길들여지지 않아서 패망한 사람들을 많이 소개하고 있다. 대표적인 사람들이 바로 이스라엘 민족이다. 그들은 하나님께서 택하신 백성이요, 아브라함의 자손들이었다. 믿음의 계보를 타고난 사람들인 것이다.

야곱의 아들 12명은 각자 번성하여 부족을 이뤄 부족장이 되었고 그 부족들마다 수가 불어났다. 애굽에서 400여 년을 살다가 하나님께서 주시겠다고 약속하신 바로 그 땅 가나안에 들어가기를 원했던 사람들의 숫자가 무려 200만 명이나 되었다. 아브라함의 후손 200만 명! 상상이나 되는가? 1명에서 무려 200만 명이 된 것이다.

하나님께서는 이 200만 명을 대상으로 한 가지 약속을 하셨다.

"내가 너희들을 가나안 땅으로 인도하여 들일 것이다."

그래서 하나님께서는 10가지 재앙을 통해서 그분의 능력을 보여주시고, 홍해를 가르셔서 아말렉을 이기게 하시고, 마라의 쓴 물도 달게 만들어 놓으시면서 이스라엘 백성들을 향한 사랑을 표현하셨다. 날마다 만나를 내려주시고 때로는 메추라기를, 때로는 반석에서 물을 내셔서 200만 명을 먹이고 마시게 해주셨다. 또 낮의 더위가 그들을 삼키지 못하도록 구름을 띄우셨고, 밤의 습기와 추위가 그들을 해하지 못하도록 불기둥을 세우셔서 온기를 유지해주셨다.

무려 200만 명이다. 송파구 주민이 70만 명가량 되니까 송파구의 3배 정도 되는 인구다. 하루 식사비가 얼마나 들었을까? 그 음식물의 양과 쓰레기 양은 또 얼마나 되었을까? 화장실은 몇 개가 필요하며 그들이 마시는 물은 어느 정도였을까? 적게 잡아 1인당 1리터의 물을 하루에 소비한다 해도 200

차이나는 복의 클래스

만 리터라고 하면, 2리터 병으로는 100만 개다. 병 한 개의 크기를 30㎝로 잡을 때 30,000,000㎝, 미터로 계산하면 300,000m, 킬로미터로 환산하면 300㎞이다.

상상이나 되는가. 여기서 대구까지 물병을 쫙 깔아놓고 중앙분리대를 물병으로 만들면, 하루 먹는 물의 양은 대구까지 물병으로 이어지는 정도의 엄청난 양이다. 그런데 하나님께서는 이 모든 것들을 하루도 아니고 이틀도 아니고 40년 동안이나 해주셨다. 하나님이 아니시면 누가 이런 엄청난 일을 할 수 있겠는가. 그렇게 하나님은 그들을 살펴주시면서 약속의 땅 가나안으로 인도해 가셨다.

어느덧 모세와 함께한 이스라엘 백성들이 시내산 언저리에 왔을 때 하나님께서는 모세를 따로 부르셔서 40일을 금식하게 하시고는 한 가지 약속을 하신다.

"내가 저 백성들을 안전하게 가나안까지 데리고 들어갈 것이다. 그런데 그냥 가는 것이 아니고, 누구나 가는 것이 아니고 내가 지금부터 너에게 말하는 이 약속을 지키는 사람만 데리고 들어갈 것이다."

그러면서 하나님은 10가지의 약속을 보여주셨는데, 그게 바로 십계명이다. 십계명을 잘 지키며 자신의 생각, 언어, 몸을 십계명에 잘 길들이는 사람들은 가나안 땅에 데리고 들어갈 것이지만 길들이지 아니하는 사람과 자기 멋대로 살려는 사람들은 데리고 들어가지 않겠다고 말씀하셨다. 즉, 말씀에 길들여진 온유한 자에게는 가나안 땅을 허락할 것이고 온유하지 않은 사람들은 가나안 땅을 허락하지 않으시겠다고 선포하신 것이다.

모세를 통해 하나님의 말씀을 전달받은 이스라엘 사람들은 큰 소리로 환호하며 환영했다. 우리가 다 그분의 말씀을 따르고 순종하며 가나안에 들어가겠노라고 약속했다. 그러나 그들의 삶은 변하지 않았다.

마치 오늘날 우리가 말씀대로 순종하겠다, 헌신하겠다, 봉사하겠다, 사랑하겠다, 거룩해지겠다, 희생하겠다 하면서도 늘 내 잇속 챙기기에만 바쁘고 이 땅에서 잘 먹고 잘 살겠다는 생각에 하나님을 철저하게 무시하는 것처럼 이스라엘 백성들도 하나님을 무시했다. 앞에서는 약속을 지킨다고 하면서 뒤에서는 전혀 다른 행동을 했다. 여전히 그들은 우상 숭배를 하고 육체의 정욕과 안목의 정욕과 이생의 자랑을 포기하지 않았다. 여전히 시기, 질투가 많아서 남이 잘 되는 것에 대해 박수를 쳐주지도 않았다.

그렇게 40년의 세월 동안 그들은 전혀 달라지지 않았다. '하나님 사랑! 이웃 사랑!'이라는 큰 두 가지 계명을 지켜내지 못했다.

하나님께서 그들에게 주신 십계명은 하나님을 사랑하고 이웃을 사랑하며 살자는 말씀이었다.

너는 나 외에는 다른 신들을 네게 두지 말라!

이는 오직 하나님만을 사랑하며 살아가라는 약속이다. 내가 너만을 사랑하니까 너도 오직 여호와 하나님만을 사랑하라는 약속! 그러나 지키겠노라고 다짐했던 그들은 하나님 이외에 다른 신들을 섬기기 시작했다.

차이나는 복의 클래스

우상을 만들지 말고 그것들에게 절하지 말며 섬기지 말라!

이 역시도 '예! 그렇게 하겠습니다!' 하고는 우상에게 많은 시간과 예물을 드렸다. 하나님께 드려야 할 시간과 재능과 물질과 마음과 정성을 우상에게 드린 것이다. 그래서 하나님께서는 너무나 크게 실망하셨다. 이스라엘 백성들은 도대체 하나님의 말씀에 길들여지지 않았다. 늘 자기 마음대로, 자기가 편한 대로, 이로운 대로 살려고만 했지 손해 보거나 헌신하면서 하나님의 뜻에 순종하려고 하지 않았다.

하나님 여호와의 이름을 망령되게 부르지 말라!

하나님의 이름만 자랑하고 그분의 이름이 높아질 일을 하며 그분께 영광을 돌려야 할 사람들이 자신의 이름을 내세우기에 바빴다. 이생의 자랑이 많아진 것이다. 하나님께서 해주신 일들을 마치 자기가 이룬 것처럼 뻐기며 자신을 내세웠다. 칭찬받고 싶어 했고, 인정받고 싶어 하면서도 정작 하나님을 인정하지 않았다. 이름 없이 빛도 없이 섬기려는 사람보다는 대우만 받으려는 사람들이 늘어났고, 자기를 알아주지 않는다고 서운해하는 사람들이 더 많아졌다. 이처럼 이스라엘 백성들은 여호와 하나님의 이름을 높이는 것이 아니라 자신들이 높아지고 싶어 했다.

안식일을 기억하여 거룩하게 지키라!

하나님 앞에 자주 나와서 그분께 나를 보여드리며 예배 중심으로 사는 것이 아니라 피곤하고 바쁘고 놀아야 해서 예배는 늘 순위에서 밀렸다. 별 볼일 없을 때만 어쩌다 예배를 생각하고, 피곤하지 않은 날만 예배를 드렸다. 주일조차도 잊고 놀기에 바빴다. 이렇게 내 몸만 위하다 보니 하나님 생각이 많이 없어졌다.

하나님을 사랑해서 그분만 사랑하고, 하나님께 드리고, 하나님을 자랑하고 하나님께 자주 나와야 할 우리들이 하나님보다는 나 자신과 내 가족만 사랑하려고 하진 않았는가? 이웃 사랑도 마찬가지다. 함께 죽고 함께 사는 것이 아니라 늘 내가 우선이었고, 내 일이 우선은 아니었는지 돌아보자. 남이야 어찌되든 내 편한 대로만 살다보니 사랑이 없어져 간다.

네 부모를 공경하라!

부모님도 우습게 여겼다. 부모 공경이 사라지고, 공경해야 할 부모들을 오히려 공격하며 몰아내려고 했다. 철저하게 이용해 먹으려고만 했지, 사랑하지 않았다.

살인하지 말라!

형제자매 사이에도 사랑이 식어져 갔다. 분노와 미움이 많아져서 죽이고 싶을 정도로 미운 관계가 되었다. 형제들을 보면 화가 나고 불편해졌다. 동기간이 싫어졌다. 마땅히 사랑해야 할 사람들이 가인과 아벨처럼 앙숙이 되고, 요셉의 형들이 요셉을 미워하듯 서로 미워하는 사이가 되어 죽이려고 한 것이다.

차이나는 복의 클래스

간음하지 말라!

부부간에도 사랑이 식어갔다. 누가 내 이웃이며, 내가 사랑해야 할 이웃인가? 부모, 형제, 부부, 함께 짝 지어주신 공동체들이다. 이들과 더불어 살아가라고 주신 계명이 십계명이다. 이 십계명은 계명이라기보다는 쌍방 간에 지켜야 되는 10가지 약속이다. 하나님과 사람 사이의 약속! 지키면 가나안 땅에 들어갈 수 있고, 안 지키면 못 들어가는 하나님과 나와의 약속!

약속을 안 지켜도 가나안에 그냥 들여보내주실 줄 알았다. 하나님은 사랑이시니 결국에는 웃으시면서 천국으로 인도하시는 줄 알았다. 착각도 그런 착각이 없었다. 하나님께서는 사랑의 하나님이시지만 분명한 기준을 가지고 계신 공의의 하나님이셨다.

200만 명 중에 어린아이들과 단 두 사람, 여호수아와 갈렙만을 제외하고는 모두 광야에서 죽었다. 땅을 기업으로 받지 못한 것이다. 왜 그랬을까? 온유하지 않았기 때문이다. 길들여지지 않았기 때문이다. '하나님 사랑! 이웃 사랑!'이라는 하나님의 말씀에 자신을 맞추지 않고 오직 자기 사랑의 길에 섰기 때문이다. 그들은 자기에게 유익이 되는지, 안 되는지만 따졌다. '돈이 되는가, 안 되는가! 내가 편한가, 안 편한가! 내 기분이 좋은가, 안 좋은가!' 이런 것들만 따졌지, 하나님의 뜻을 묻지 않았다.

"하나님께서 좋아하실까?" 이런 질문을 해본 적이 없었다. 결국 그들은 그렇게 세상에 길들여져 갔다. 성경은 그들의 죄목을 자세히 적고 있다.

육체의 일은 분명하니 곧 음행과 더러운 것과 호색과 우상 숭배와 주술과 원수 맺

는 것과 분쟁과 시기와 분냄과 당 짓는 것과 분열함과 이단과 투기와 술 취함과 방

탕함과 또 그와 같은 것들이라 전에 너희에게 경계한 것 같이 경계하노니 이런 일

을 하는 자들은 하나님의 나라를 유업으로 받지 못할 것이요 갈라디아서 5:19~21

우상 숭배만 나쁜 것이 아니다. 교묘하게 남을 속이는 것도 나쁘다. 용서
하지 않고 멀어지는 것도 나쁘다. 어차피 하나님 나라에 못 들어가기는 마찬
가지다. 열 번 훔친 사람도 도둑놈이고 한 번 훔친 사람도 도둑놈이다. 전과
10범이나 전과 1범이나 다 전과자다.

마찬가지로 시기심 많은 사람도 죄인이고, 화내는 사람도 죄인이다. 끼리
끼리 모여 파벌을 형성하는 것도 죄인이고, 이단도 죄인이다. 신천지인지 아
닌지 하는 문제로는 떠들어대면서, 교회에서 왕따시키고 끼리끼리 파를 나누
는 것은 죄가 아닌 줄 안다. 그러나 이 역시 큰 죄임을 알아야 한다. 남이 잘
되면 시기하는 것도 죄요, 음행과 호색도 죄다. 그 어느 것 하나 크고 작은 죄
가 따로 없다. 대통령이든 도지사든 국회의원이든 누구든 다 음행과 호색이
있다면 죄인이다.

그 사람들의 죄는 크고 내 죄는 작다고 생각하는가? 음행이 길들여지지 않
는 것도 죄요, 시기심이 길들여지지 않는 것도 죄다. 화가 길들여지지 않는
것도 죄요, 늘 끼리끼리 수군거리는 것도 죄다.

믿는다고 하면서도 하나님의 말씀에 자신을 철저하게 길들이지 못하고 내
맘대로 살았던, 세상의 흐름대로 살았던 이스라엘 백성들은 결국 하나님의
나라를 유업으로 받지 못했다. 도대체 길들여지지 않는 사람들! 온유해지고

차이나는 복의 클래스

싶어 하지 않는 사람들! 나를 하나님의 뜻에 맞추는 것이 아니라 철저하게 나에게 하나님을 맞추려던 사람들! 그들은 그렇게 땅을 기업으로 얻지 못하고 죽어야 했다.

땅을 차지하는 사람들

못 받은 이스라엘 사람들도 답답하지만 선물을 쌓아놓고 못 주시는 하나님의 마음도 아프심을 알아야 한다. 어떤 분이 천국에 갔는데 천사들이 온갖 좋은 것들로 가득 찬 보물 창고를 보여주더란다. 그래서 "이런 게 왜 천국에 있나요? 사랑하시는 자녀들에게 좀 나누어주시지" 했더니, 천사가 말하길 "하나님이 준비는 해두셨는데 받을 사람이 없어서 남은 선물들이에요." 했다고 한다. 하나님의 말씀에 나를 길들여 가기가 여간 어려운 일이 아니기에 우리는 늘 기도해야 한다. "성령님, 도와주세요! 성령님, 도와주세요!"

주님은 말씀하셨다. "아무나 천국에 오는 게 아니다. 아무나 하나님께서 약속하신 복들을 누리는 것이 아니다." 천국에 갈 수 있는 사람은 온유한 사람들이다. 하나님의 말씀에 자신을 철저하게 길들인 사람들!

'그렇게 오래 믿었는데도 나는 왜 천국에 대한 확신이 없고, 성경의 약속들을 경험하지 못하는 걸까?' 이렇게 생각한다면 내가 지금 말씀에 길들여지고 있는지, 세상 문화나 텔레비전이나 핸드폰에 길들여지고 있는지를 돌아볼 때다. 요즘은 아주 어린아이들도 그 부모에 의해서 핸드폰에 먼저 길들여진다.

성질을 그대로 가지고는 땅을 기업으로 얻지 못한다. 오랜 세월 그 성질을 죽이고 그 습관을 버리고 하나님의 말씀에 길들여질 때, 천국 백성이 되고 이 땅에서도 약속의 복을 누리는 사람들이 되는 것이다.

예수님은 말씀하신다. 온유해지라고. 세상에 길들여지지 말고 성질대로 살지 말고, 말씀대로 살고 말씀에 길들여지라고! 그러할 때 땅의 복이, 천국의 복이 내 것이 되는 거라고!

성질대로 살면 안 된다. 성질대로 살지 말고 말씀대로 살기를 바란다. 텔레비전대로 살지 말고 말씀대로 살기를 바란다. 하나님께서는 우리를 위해 많은 선물들을 준비하셨지만 우리들이 하나님의 말씀에 길들여지기를 기다리고 계신다.

누가 하나님의 약속의 선물을 받으며 살게 되는가? 성령님의 도우심을 믿고 자신을 하나님의 말씀에 길들여 가는 사람이다. 자신의 생각과 언어와 행동을 하나님의 말씀에 점점 길들여 가는 사람들! ♪ 주 예수 내 맘에 들어와 계신 후 변하여 새 사람이 된 사람들! 이런 사람들이 많아져서 우리 모두 예수님을 닮아가는 사람들이 되기를 기도한다.

오늘도 말씀 앞에 나를 세워보자.

'나는 하나님의 말씀에 길들여져 가고 있나?'

'지옥 체질을 천국 체질로 개선하고 있나?'

'난 오늘 무엇에 길들여져 가고 있나?'

'성질대로! 텔레비전대로! 핸드폰대로! 적어도 그렇게는 살지 말자!'

어쩌면 이 세상은 나를 길들여 가는 학교와도 같다. 이 세상에 있는 동안

차이나는 복의 클래스

그리스도인들은 철저하게 자신을 말씀에 길들여 가는 사람들이다. 내 생각, 내 언어, 내 행동, 내 습관을 말씀에 길들여 가는 사람들! 이런 자들에게 하나님께서는 땅의 복을, 천국의 복을 허락하셨다. 그럼에도 불구하고 우리는 오늘도 여전히 세상을 닮아가고 있다.

야곱에게는 12명의 아들이 있었다. 첫째 아들 르우벤은 모든 것을 물려받을 수 있는 장자였지만 모든 것을 잃었다. 음행을 길들이지 못했기 때문이다. 자신의 육체의 정욕을 다스리지 못했던 그는 사람을 참 좋아했다. 그나마 바르게 살려고 노력했지만 순간적인 육체의 정욕을 다스리지 못해서 그렇게 장자의 특권을 놓쳤다.

둘째 시므온과 셋째 레위도 참 훌륭한 아들들이었다. 일도 잘하고 아버지에게 듬직한 아들들이었다. 농사와 목축업을 함께 하는 야곱에게 시므온과 레위는 너무나 필요한 후계자들이었다. 그런데 그들은 분노를 다스리지 못했다. 화가 나면 칼을 휘둘러댔다. 사람은 참 좋은데 술만 먹으면 딴 사람이 되는 주취폭력자들처럼 그런 사람이었다. 길들여지지 않던 시므온과 레위도 결국 후계자가 되지 못했다.

넷째 유다 역시 참 훌륭한 아들임에는 틀림없었다. 그런데 그 역시도 세상 문화와 풍류를 너무나 좋아했다. 일도 잘하지만 놀기도 잘 놀았다. 세상 시류에 편승하여 살다보니까 하나님의 말씀에 자신을 길들이지 못했다.

결국 야곱의 12명의 아들 중 그 누구도 야곱의 후계자가 되지 못했다. 장자의 모든 명분적 권한은 넷째인 유다가 가져갔고, 재산은 요셉의 두 아들 에브라임과 므낫세에게로 흘러갔다. 그리고 제사장적 축복의 권한은 레위에게로 갔다. 이처럼 다 뿔뿔이 흩어져 내려갔다. 길들여진 아들이 없었기 때문이다.

오늘도 주님께서는 하늘에 아주 많은 선물들을 쌓아두시고는 받을 자를 찾고 계신다. 하나님의 말씀에 길들여진 사람들!

"온유한 자는 복이 있나니 그들이 땅을 기업으로 받을 것임이요!"

바울의 고백이 당신의 기도가 되기를 바란다.

"내 노력으로 아무리해도 길들여지지 않으니까. 나는 날마다 죽노라!! 그래서 오늘도 기도한다. 성령님! 나를 다스려주십시오! 나를 길들여주십시오! 내가 살아나지 않고 내 안에서 그리스도의 삶이 드러나도록 나를 점령해주십시오!"

차이나는 복의 클래스

Heavenly Blessings
in Your Life

부족함이 없는
사람들

Heavenly Blessings in Your Life

의에 주리고 목마른 자는 복이 있나니
그들이 배부를 것임이요
마태복음 5:6

부족함이 없는
사람들

하나님의 뜻을 따른 다윗

시편 11편을 읽어보면 고뇌하고 있는 한 사람의 이야기가 나온다. 그는 바로 다윗이다. 다윗은 어릴 때부터 믿음 안에서 자란 사람이었다. 그는 믿음의 아버지와 어머니 밑에서 그리고 믿음의 형들 사이에서 자라났다. 요즘으로 하면 모태신앙인으로 주일학교에도 잘 다니고 학생부와 청년부를 지내면서 성인이 되어 결혼한 사람이다.

삶 속에서 자기도 모르게 신앙인의 모습을 익힌 사람이고 전혀 어색하지 않은, 너무나 자연스러운 하나님의 가족이었다. 우리가 사는 오늘날의 세상과는 다르게 다윗의 주변에는 믿지 않는 사람들보다는 믿는 사람들이 더 많았다.

어느덧 장성한 다윗은 믿음 있는 지도자가 되었다. 그러나 그에게는 오늘날 우리가 하는 것과 같이 똑같은 고민이 있었다. '신앙의 양심을 따라야 하는가, 세상의 풍조를 따라야 하는가'의 문제였다. 신앙의 양심을 따르자니 삶이 어려워질 것 같고, 그렇다고 세상 시류에 편승하여 마치 하나님을 모르는 사람처럼 살려니 양심이 괴로웠다.

이 둘 사이에서 다윗은 심히 고민하고 있었다. '작은 손해 정도야 감수하겠지만 큰 손해를 보거나 억울한 상황이 되면? 나 때문에 공동체가 무너질 상황에 이르게 되면?' 하고 말이다. 당신은 이런 경우가 없었는가? 솔직하자니 손해가 막심하고, 거짓을 말하자니 양심이 괴롭고.

다윗 시대는 전쟁이 많던 때였다. 모함도 많았고, 억울한 일도 많았다. 다윗은 사울 왕을 죽이려고 한 적이 없었는데도 사울 왕의 시기심이 커지면서 다윗을 경계하기 시작했고 암살의 위험까지 있었다. 어떤 때는 사울 왕의 공격을 받으며 생명의 위협을 느낀 적도 많았다.

견디다 못한 다윗은 블레셋이란 이웃 나라로 도망쳤다. 다윗을 따르는 600여 명의 부하들과 식구들을 데리고 블레셋의 한 성주인 가드 왕 아기스에게로 귀순한 것이다. 여전히 다윗은 이스라엘 사람들을 사랑하고 하나님의 백성으로 살고 싶었다. 그러나 현실은 그렇지 않았기에 다윗은 답답했지만 자신을 따르는 600여 명의 사람들을 살리기 위해서라도 사울 왕과 대적관계에 있는 가드 왕에게 몸을 의탁할 수밖에 없었다.

서로 남의 것을 뺏고 빼앗기며 살던 그 시대, 다윗도 블레셋 영토에 속해 살면서 누군가를 노략질해야만 했다. 아기스 왕이 시그락이라는 자그마한 성을 내주었지만 그 성에서 600여 명의 식구들과 다 함께 먹고 살기 위해서는 누군가의 것을 뺏어야만 했던 것이다. 그렇다고 동족인 이스라엘을 공격하고 싶지는 않았다. 그러나 아기스 왕은 다윗에게 계속해서 이스라엘 사람들을 노략질하라고 말했고, 그렇게 하고 싶지 않던 다윗은 일 년 정도를 눈치보며 살아야 했다.

그러던 어느 날 먹을 것도 다 떨어지고 입을 옷도 없어지자, 다윗은 그동안 잘 훈련시킨 병사들과 함께 나가서 약탈을 시작했다. 사무엘상 27장에 보면 다윗은 그날 그의 사람들과 함께 올라가서 그술 사람과 기르스 사람과 아말렉 사람을 침노한다. 그들의 남녀를 죽이고 양과 소와 나귀와 낙타와 의복을 빼앗아 가지고 돌아와 아기스에게로 나아간다.

상납품을 받은 아기스가 다윗에게 물었다.

"오늘 너희는 누구의 것을 빼앗았느냐?"

다윗은 양심이 괴로웠지만 거짓을 고한다. 그술 사람, 기르스 사람, 아말렉 사람을 침공했다고 하지 않고 자신의 동족인 이스라엘 사람들을 공격했다고 이야기한 것이다. 성경은 이에 대해 이렇게 기록하고 있다.

아기스가 이르되 너희가 오늘은 누구를 침노하였느냐 하니 다윗이 이르되 유다 네겝과 여라무엘 사람의 네겝과 겐 사람의 네겝이니이다 하였더라 사무엘상 27:10

여기서 네겝은 남부지방이라는 말이다. 다윗은 거짓말을 하고 있었다. 그는 분명 그술 사람과 기스르 사람과 아말렉 사람을 공격했는데, 그들은 오래 전부터 이스라엘 사람들과 사이가 좋지 않은 사람들이었다. 그런데 다윗은 양심의 가책을 느끼면서까지 아기스에게 이스라엘 사람들을 공격했다고 말했다. 그러면서 유다의 남부지역과 여라무엘의 남부지역과 네겝과 겐 사이 남부지역에서 약탈했다고 했다.

당신은 이런 적이 없는가? 그래서는 안 되는 줄 알면서, 분명히 하나님께서 좋아하지 않으실 것 같은데 살다보니까 나와 그들을 다 살리기 위해 양심을 속이며 산 적이 없는가? 다윗은 자신의 행동에 대해 회개하고 또 회개하며 아파했다. 그러면서 결심한다. '이렇게 살지 말아야지. 이렇게 살지 말아야지. 하나님 앞에서 바르게 살아야지.'

시편 11편에는 이런 괴로운 세월을 반복적으로 지내던 다윗의 결심이 나온다. 이제는 더 이상 양심을 속이면서 살고 싶지 않다는 결단의 시다.

[1] 내가 여호와께 피하였거늘 너희가 내 영혼에게 새 같이 네 산으로 도망하라 함은 어찌함인가

[2] 악인이 활을 당기고 화살을 시위에 먹임이여 마음이 바른 자를 어두운 데서 쏘려 하는도다

[3] 터가 무너지면 의인이 무엇을 하랴

[4] 여호와께서는 그의 성전에 계시고 여호와의 보좌는 하늘에 있음이여 그의 눈이 인생을 통촉하시고 그의 안목이 그들을 감찰하시도다

[5] 여호와는 의인을 감찰하시고 악인과 폭력을 좋아하는 자를 마음에 미워하시도다

차이나는 복의 클래스

⁶ 악인에게 그물을 던지시리니 불과 유황과 태우는 바람이 그들의 잔의 소득이 되리로다

⁷ 여호와는 의로우사 의로운 일을 좋아하시나니 정직한 자는 그의 얼굴을 뵈오리로다

_ 시편 11:1~7

시편 11편은 역사적인 배경을 가지고 있는데, 지금 다윗은 중요한 결정을 앞에 두고 있다. 다윗은 지금 압살롬에게 쫓기고 있다. 궁지에 몰린 것이다. 다윗은 이제 결정을 해야 한다. 둘 중에 하나다. 싸우든지 도망치든지. 압살롬의 반역에 대해 소식을 들은 각료들 중 대부분은 싸우자고 했을 것이다. 압살롬과 반역군들을 모두 다 죽이자고 했을 것이다. 그러나 다윗은 그렇게 생각하지 않았다. 우리가 싸우면 이길 수는 있겠지만 그 희생 또한 너무 클 것이라는 계산 때문이었다. 아무리 생각해봐도 저들도 죽고 우리도 많이 죽을 것 같았다. 한 사람의 생명이 얼마나 귀한데…. 다윗은 그동안 수많은 전쟁터에서 죽어가는 사람들을 너무 많이 보았다. 이제는 더 이상 하나님의 백성을 죽게 하고 싶지 않았다. 차라리 내가 패자가 되어서 뒷문으로 도망치는 한이 있더라도 맞서 싸우면서 그들을 죽이고 싶지 않았다.

신앙의 양심을 따라 내가 손해 보며 도망 다닐 것인가 아니면 현실적인 이익을 따라, 시대의 흐름을 따라 믿지 않는 사람인 것처럼 결단하고 나아갈 것인가의 문제였다. 이 문제 앞에서 다윗은 무척이나 많이 기도를 드렸던 것 같다. 그런 후에 그는 생명의 주관자가 되시고 이제껏 자기의 생명을 보호하시고 돌보시고 인도하신 하나님의 뜻을 따르기로 결심한다.

'그래 내가 좀 손해 보고, 내가 좀 억울하고, 내가 많이 욕을 먹더라도 신앙의 양심을 따르자!'

우리가 그 내용을 알 수는 없지만 결단을 내린 다윗은 각료들을 소집해 이렇게 이야기했을 것이다.

"선은 이렇고 후는 이래서 우리가 현실적인 이익이나 상황으로 보아서는 저쪽으로 가야 하지만 난 이렇게 결정을 했다."

그런데 그곳에 모인 자들이 우르르 일어났다. 그렇게 자신을 잘 따르고 믿어주던 사람들, 위험한 고비 때마다 자신의 생명을 아끼지 않고 다윗을 보호해주던 사람들, 그 사람들이 우르르 일어나서는 한목소리로 안 된다고 외치는 것이다.

"다윗, 당신은 그게 편할지 모르겠지만 그 대가를 우리가 치러야 하기에 절대로 안 됩니다. 지금 악인들이 일어나서 화살을 시위에 먹이고 우리를 향하여 쏘려고 하는데, 지금 도덕이 무너지고 윤리가 무너지고 모든 정의가 무너져 있는데 이러할 때 힘을 써서 우리 이스라엘 백성들을 죽여서라도 싸워야지 무슨 소리입니까?"

이렇게 외치는 그들 앞에서 다윗은 난감했지만 왜 자신이 그런 결정을 해야 했는지, 손해를 보면서라도 그렇게 하지 않으면 안 되는지 세 가지 이유를 말해주었다.

"첫째는 하나님께서 살펴보고 계시기 때문이고, 둘째는 악하게 할 수도 있고 지금 모면할 수도 있지만 악인은 결국 하나님께 심판을 받게 되기 때문이

　　　　　　　　　　　　　　　　　　　　　차이나는 복의 클래스

다. 마지막으로는 언젠가 이 세상을 떠나 하나님 앞에 서게 될 텐데 그때 어떻게 그분의 얼굴을 볼 수 있겠는가?"

이런 배경 속에서 다윗은 시편 11편을 노래하며 많은 반대자들을 설득했다. 시편 11편 1절의 말씀은 너무나도 유명한 말씀이다.

> 내가 여호와께 피하였거늘 너희가 내 영혼에게 새 같이 네 산으로 도망하라 함은 어찌함인가 악인이 활을 당기고 화살을 시위에 먹임이여 마음이 바른 자를 어두운 데서 쏘려 하는도다 터가 무너지면 의인이 무엇을 하랴 여호와께서는 그의 성전에 계시고 여호와의 보좌는 하늘에 있음이여 그의 눈이 인생을 통촉하시고 그의 안목이 그들을 감찰하시도다 시편 11:1~4

상황이 참 안 좋다. 악인들이 활을 당기고 화살을 시위에 먹였다. 이제 막 손가락을 놓으면 화살이 날아와서 의로운 사람들, 마음이 바른 자들의 심장에 꽂힐 상황이다. 이러한 때에 각료들은 세상 사람들이 하는 것처럼 우리가 먼저 공격하자고, 우리도 힘을 합쳐 싸워서 그들을 죽이자고 하는 것이다.

이때 다윗은 고민에 빠진다. 터가 무너지면 의인이 무엇하랴! 내 신앙의 양심의 터가 무너지면, 살아간들 그것이 무슨 의미가 있느냐고 반문한다. 내 하나님과의 관계가 끊어져버리면 내가 살아간들 그것이 무슨 의미가 있느냐고 반문한다. 그러면서 다윗은 그래도 나는 여호와께로 피할 거라고, 다 망하고 내가 죽는다 할지라도 나는 신앙의 양심을 따르겠노라고 이야기한다. 그리고 이렇게 외친다.

"내가 여호와께로 피하였거늘 너희가 내 영혼에게 새 같이 네 산으로 도망하라 함은 어찌함인가!"

새는 곡식을 먹다가 사람이 다가가면 먹던 것도 놔두고 후다닥 날아간다. 뒤도 안 보고 아무 생각 없이 날아가 버린다. 자기에게 다가오는 것이 사람인지 짐승인지, 아이인지 어른인지도 살피지 않고 소리만 나면 무조건 후다닥 날아가 버린다.

각료들은 다윗에게 그렇게 급하게 하던 대로, 버릇대로, 습관대로 남들이 하는 것처럼 결정해야 한다고 강요하고 있는 것이다. 새가 도망가듯이 늘 하던 대로 또 양심을 속이며 일단 살고 이기고 보자는 이들에게 다윗은 자신이 왜 이렇게 결정할 수밖에 없었는지 자세히 설명한다.

여호와께서 그의 성전에 계시니 그분께 예배드리고 그분께 기도해야 하지 않겠느냐고, 내 마음대로 결정하지 말고 우리의 주인되시는 그분께 나아가야 하지 않겠느냐고 묻고 있다. 여호와의 보좌는 하늘에 있고 그의 눈이 우리를 바라보시는데, 사람을 속일 수 있고 내 양심을 속일 수는 있지만 어떻게 하나님을 속일 수 있겠느냐고 이야기한다. 그러니 나는 내 신앙의 양심을 따를 것이라고 이야기한다.

그러면서 다윗은 7절에서 이렇게 결론 내린다.

여호와는 의로우사 의로운 일을 좋아하시나니 정직한 자는 그의 얼굴을 뵈오리로다 시편 11:7

나도 이런 고민을 많이 한다. 최근에 우리가 캄보디아에 땅을 사고 학교를 지으려고 하는데, 아무리 법인을 설립하고 명의를 법인으로 한다고 해도 위험 부담은 여전히 있다. 우리는 49%의 지분을 가질 수 있고 51%는 현지인의 이름을 사용해야 하기 때문에, 일이 잘못된다거나 아무리 믿을만한 사람일지라도 그에게 사고가 생기거나 마음이 변하면 재산을 다 빼앗기고 마는 것이다. 그리고 실제로 그런 일은 비일비재하게 일어난다. 동남아시아나 중국이나 러시아 등에 교회를 세우고 현지인의 이름을 빌려서 등기를 한 후에 그것을 현지인들이 돌려주지 않은 예는 얼마든지 있다.

제일 안전한 방법은 국적을 돈 주고 사서 등기를 내면 되는데, 그렇게 되면 내가 이중 국적자가 되어야 한다. 이는 한국 현행법상 불법이다. 또 국적을 살려고 해도 수천만 원의 돈이 들어간다. 그렇게 산 국적을 가지고 혹 땅을 소유하고 학교를 짓는다고 해도 법적 분쟁이 일어났을 때는 또 고스란히 빼앗기는 것이 관례다. 참 답답한 상황이 아닐 수 없다.

불법을 저지르더라도 국적을 사야 할까? 당신은 어떻게 생각하는가? 편법을 써서라도 재산을 지켜야 하는가, 아니면 모든 것을 하나님의 뜻에 맡기고 신앙의 양심을 지켜야 하는가?

목사로 살면서 이런 고민을 수도 없이 한다. 우리 교회는 유치원을 운영하고 있는데 그 가운데에서도 고민이 참 많다. 손해가 있고 없고도 중요하지만 그럴 때마다 '하나님께서는 어떻게 생각하실까'를 고민한다. 매순간 내 행동 하나하나 고민하고 또 고민한다. 그리고 그때마다 시편 11편을 묵상한다.

"내가 여호와께로 피하였거늘 너희가 내 영혼에게 새 같이 네 산으로 도망하라 함은 어찌함인가"

하나님의 뜻대로 살고 싶은데 그게 잘 안되고 그렇게 살 수도 없는 상황에서 오늘날 우리는 고민에 빠져 있다. 만약 이런 고민조차도 없다면 그는 그리스도인이 아니다. 천국에 갈 사람이 아니다.

경계선상에서 고민하는 그리스도인! 이것이 오늘날 우리들의 현주소다. 그렇지만 결단했던 다윗과 달리 우물쭈물 머뭇거리고 있지는 않은가? 하나님께서 보고 계시다는 것도, 하나님의 심판이 있다는 것도, 언젠가 하나님 앞에 서야 한다는 것도 알지만 여전히 현실과 신앙의 양심 사이에서 머뭇거리고 있지는 않은가? 그렇다면 이렇게 기도하자.

"성령님, 도와주세요! 성령님, 도와주세요! 신앙의 양심을 따라 살도록 나를 인도해주시고, 할 수만 있다면 그런 상황이 내 앞에 펼쳐지지 않도록 도와주세요!"

터가 무너지면 의인이 무엇을 하랴 시편 11:3

집이나 건물의 기초가 무너지면 어떻게 되겠는가? '터'라는 말은 사실 해석하기가 어렵다. 여기서 말하는 '터'는 사람들이 살고 있는 삶의 터전, 즉 생의 기반을 의미하는 곳이라고 할 수 있다. 일반적으로 사람들은 삶을 이루고 있는 기반을 여러 가지로 이해하고 있는데 그 가운데에는 생명, 사회적인 지위, 직장, 돈, 건강 등이 있다.

그래서 다윗의 주변 사람들의 논리는 지금의 상황을 보라는 것이었다. 악인들이 활을 우리에게 겨누고 있는 상황에 생명을 잃는다든지, 사회적인 지위를 잃어버린다든지, 직장을 잃어버린다든지, 건강을 잃어버리면 다 잃어버리는 것인데 여호와께 피하여 기도하는 일이나 정직하게 사는 일이 다 무슨 소용이 있냐는 것이다.

그러나 다윗은 '경제적인 터전이 무너지고, 도덕적인 터전이 무너지고, 법질서가 무너지고, 인간의 존엄성이나 환경 등의 모든 영역이 무너지고 있는데 내 양심마저 무너지면 어떻게 될까? 다 무너져도 내 신앙의 양심은 지키고 싶다.'라고 고민했다. 바로 여기에 우리의 모습이 있어야 한다.

의에 주리고 목마른 자

산상수훈에서 예수님은 말씀하셨다. "의에 주리고 목마른 자는 복이 있나니 그들이 배부를 것임이요!" 이 구절을 이해하려면 3가지 단어의 뜻을 알아야 하는데, 여기서 말하는 '의'는 사회정의를 말하는 게 아니다. 희랍어 '디카이오쉬네'는 '인간의 구원을 위한 하나님의 뜻'이란 의미가 있는데, 하나님의 뜻! 선하신 그분의 뜻! 그게 바로 '의'다.

'주린다'는 말은 희랍어 '페이나오'로 음식물이 공급되지 않으면 생명에 위협을 받는 상태를 의미한다. '예수님께서 40일을 금식하신 후에 주리신지라'에서 '주리신지라'가 바로 '페이나오'인 것이다. 또한 '목마르다'란 말은 희랍어 '디프사오'로 생존에 위협을 느낄 만한 목마름을 의미한다. 십자가 위에서 예수님이 하신 말씀 "내가 목마르다"에서 이 '목마르다'가 바로 '디프사오'이다.

정리해보면 하나님의 뜻대로 살고 싶은데 그게 잘 안될 때, 상황이 허락하지 않아서 내 믿음과 신앙의 양심을 따르기 힘들 때, 그런 상황에서 포기하는 것이 아니라 신앙의 양심을 지키고 싶은 것! 의롭게 살고 싶은 배고픔! 의롭게 살고 싶은 목마름! 그것이 바로 의에 주리고 목마른 것이다.

주님은 말씀하신다. 네가 상황에 따라 그냥 막 살지 않고 신앙의 양심을 지키려고 애를 쓰고 하나님의 뜻대로 살려고 최선을 다해 바둥거리면서 성령님의 도우심을 간구하면, 네가 원하는 그 하나님의 뜻대로 살도록 내가 도와주겠노라고. 그러면 네 신앙생활이 장애 없이 순탄하게 되고 만족하게 될 거라고 말씀하신다.

신앙의 양심을 따라, 하나님의 뜻에 따라 살고자 하는 간절한 배고픔과 목마름이 있는 것! 타협하지 않고 편법과 불법을 좋아하지 않으며 최선을 다해 하나님의 뜻대로 살아보려고 발버둥치는 것! 여기에 그리스도인의 길이 있다.

십일조 생활을 하고 헌신하는 것뿐만 아니라 직장이나 가정생활에서 신앙인답게 살려는 거룩한 욕심이 있는 사람들은 이러한 고민을 한번쯤 하게 될 것이다. 그럴 때는 그냥 세상 사람들처럼 막 살지 말고 한번쯤 멈춰 서서 하나님의 뜻이 나를 통해 이뤄지기를 기도하며 살아가기를 노력하면, 하나님께서 그렇게 살 수 있도록 도와주시겠다는 약속이 바로 마태복음 5장 6절 말씀이다.

신앙의 양심을 따라 산 다윗은 결국 하나님의 섭리 안에서 행복한 노년과 죽음을 맞이하게 된다. 사람들의 반대 속에서도 결국 하나님의 의를 선택한

차이나는 복의 클래스

결과일 것이다.

내가 군대를 갔을 때, 주일을 지킬 수가 없었다. 주일에 교회를 가고 싶었지만 매주 훈련을 받아야 했기 때문이다. 총검술, 각개 전투, 태권도 훈련이 매 주일마다 잡혀 있었다. 3사관학교에서 훈련을 받는데 생도가 되어서 주일날 훈련에 참가하지 않을 수도 없고, 그렇다고 주일예배도 빠질 수가 없었다. 그때 간절하게 기도했던 기억이 있다.

'하나님 아버지, 교회에 가고 싶습니다. 주일을 거룩하게 지키고 싶습니다. 훈련도 해야 되는데, 나 때문에 우리 부대가 열등한 부대가 되면 안 되잖아요. 훈련도 중요하지만 주일예배도 꼭 드리고 싶어요. 제발 예배를 드릴 수 있게 인도해주세요!'

정말 예배를 드리고 싶었다. 매 주일만이라도 하나님께 나아가서 찬양을 드리고 싶었다. 그러던 어느 날 3사관학교에 입교한 지 한 달 만에 겨우 교회를 가게 되었는데 예배를 드리고 나올 때 누가 나를 불렀다.

"구영아, 너 여기 웬일이냐?"

대학교 친구였던 그는 그 교회에 전도사님으로 와 있었다. 친구가 나에게 매 주일마다 교회에 오라고 해서 내가 훈련을 받아야 해서 안 된다고 했더니, 자기가 부대에 연락할 테니 꼭 오라고 했다. 그런데 진짜로 주일날 아침, 훈련장으로 출발하기 위해 소총을 들고 연병장에 모여 있는데 중대장님이 '301번 이구영 후보생'을 찾는 것이 아닌가. 교회에서 연락이 왔다며 오늘 예배에 꼭 필요하다고 파견 요청이 왔으니 훈련에 참여하지 말고 교회에 가라는 것이다. 얼마나 감사했는지 모른다. 총을 내려놓고 교회에 갔더니 친구 전도사가 빵과 사과를 들고 기다리고 있었다. 예배를 드리고 친구와 있다가 저녁이 되어서 간식거리를 들고 내무반으로 왔더니 하루 종일 훈련한 친구들이 부러운 눈으로 나를 바라봤다. 간식을 내려놓자 달려들어서 먹어버리더니 다음 주에도 훈련에 오지 말고 간식이나 얻어오라고 했다. 하나님의 뜻대로 살면서 애쓰면 그렇게 살도록 하나님께서 길을 열어주심을 믿는다.

화천에서 군대 생활을 시작했을 때 군대 교회가 아닌 민간인 교회에서 신앙생활을 하고 싶었다. 그래서 하나님께 기도했다.

'하나님 아버지, 철책을 지키는 연대에 가면 교회를 잘 못 가게 되니 예배를 잘 드릴 수 있는 부대로 배치해주세요!'

간절하게 기도했더니 하나님께서는 딱 한 사람만이 예비 연대로 배속 받는 곳에 나를 보내주셨다. 그 덕분에 군대 교회가 아닌 화천 시내에 있는 교회를 다닐 수 있게 되었다.

교회에 갔더니 그 시골에 신학대학을 졸업한 인재가 왔다며 목사님께서 얼마나 좋아하셨는지 모른다. 청년부 성경 공부도 가르치고 성가대 지휘도 하라고 하셨다. 한번은 화천군수가 나를 부르더니 화천군 어머니 합창단 지휘를 해달라고 부탁한 적도 있었다. 그렇게 나는 군대에 있으면서도 예배를 잘 드릴 수 있었다. 참으로 감사한 일이었다.

그러다 소대장을 하느라고 일직사관 완장을 차고 영내에서 근무하면서 교회를 못 가게 되었다. 주일날 교회를 못 가니까 정말 답답했다. 그래서 하나님께 기도드렸다. 하나님의 뜻대로 살고 싶은데, 신앙의 양심을 따라 예배드리며 살고 싶은데 상황이 그렇게 되질 않으니 기도밖에 없었다.

'하나님! 일직사관이 되어서 영내를 지키는 날에도 교회는 갈 수 있도록 도와주세요.'

내 기도를 들으신 하나님께서는 사단장의 마음을 바꾸셨다. 공문이 내려왔는데 주일날 예배드리기 위해 종교 행사에 참석하는 병력들을 그냥 내보내지 말고 반드시 인솔 장교를 동행시켜서 장교의 인솔 하에 예배를 드리게 하라는 내용이었다. 그 공문이 내려온 뒤로 일직사관을 하며 영내에 있을 때는 병사들을 인솔해서 부대 교회를 나가고, 근무가 아닐 때는 화천 시내에 있는 교회를 나가면서 단 한 주도 어기지 않고 주일을 지킬 수 있었다.

이처럼 그냥 되는대로 살지 말고 하나님의 뜻대로 살려고 애를 쓰면 하나님께서 그렇게 살도록 환경을 만들어 주심을 여러 번 경험한 적이 있다. 시편 11편의 다윗의 음성이 들릴 때가 있다. "내가 여호와께로 피하였거늘! 내가 신앙의 양심에 따라 살려고 하는데 너희들은 왜 상황에 맞추어 살라고 하느냐!"

주님은 말씀하셨다. "의에 주리고 목마른 자는 복이 있나니 그들이 배부를 것임이요."

세상을 닮아가지 말자. 끊을 것은 끊고, 떠날 곳에서 떠나자. 출애굽하고 홍해를 건너왔는데 왜 애굽의 생활을 그리워하는가? 제대로 믿어보자! 바로 가보자!

♪ 주님 뜻대로 살기로 했네 주님 뜻대로 살기로 했네

주님 뜻대로 살기로 했네 뒤돌아서지 않겠네

_ 주님 뜻대로 살기로 했네 中

힘들어도, 잘 안 되도 하나님의 뜻대로 살려고 애쓰기 바란다. 주님 뜻대로 살려고 할 때 주님께서는 그렇게 살도록 환경을 바꾸시고 여러분을 인도하실 것이다.

차이나는 복의 클래스

Heavenly Blessings
in Your Life

긍휼히 여김을 받는 사람들

Heavenly Blessings in Your Life

긍휼히 여기는 자는 복이 있나니
그들이 긍휼히 여김을 받을 것임이요
마태복음 5:7

긍휼히 여김을 받는 사람들

주여 나를 불쌍히 여기소서!

히브리 사람 모세가 태어나던 당시 애굽 왕 바로는 매우 큰 위기를 느끼고 있었다. 히브리인들의 수는 약 200만 명에 달했는데, 그들 대부분은 노예들이었지만 그들도 뭉치면 큰 힘을 발휘할 수 있음을 알았기 때문이다. 만약 다른 나라가 애굽을 침공할 때 히브리 노예들이 내통이라도 하게 되면 걷잡을 수 없는 큰 위기에 봉착하게 됨을 안 바로 왕은 명령을 내린다.

"히브리 사람이 아들을 낳으면 무조건 죽이고, 딸을 낳으면 살려두어라!"

명령이 떨어지자 그날부터 태어나는 모든 히브리 남자아이들이 죽게 되었다. 그렇다고 해서 모든 애굽 사람들이 다 악한 것은 아니었다. 이 정책에 반대하는 사람도 있었고, 그런 악한 명령을 내린 바로 왕을 비난하는 사람도 있었다. 그중 한 사람이 바로 왕의 딸, 공주였다. 그녀는 아버지의 살인 정책을 반대했지만 아무런 힘이 없었다.

그런 와중에 히브리인 모세가 태어났다. 그의 아버지 아므람과 어머니 요게벳은 슬픔에 잠겼다. 모세를 기를 수도 없고, 그렇다고 버릴 수도 없었기 때문이었다. 아므람과 요게벳은 열 달 동안을 배 속에 품고 함께 살아온 자식을 죽일 수가 없었기에 왕의 명령이 지엄함에도 모세를 3개월 동안 집에서 몰래 숨겨 키운다.

그러나 아기가 커가면서 울음소리도 커지자 동네 사람들마저 알게 되어 애굽 군사들에게 발각될까 두려웠던 모세의 부모는 어쩔 수 없이 모세를 포기하게 된다. 갈대 상자를 가져다가 역청과 나무 진을 칠해서 물이 들어오지 못하게 하고 아기를 거기에 담아 나일 강 가 갈대 사이에 두었다. 부모 손으로 자식을 죽일 수는 없었기에 운명에 맡겼던 것이다.

마침 그날 아버지의 살인 정책에 반대하던 공주는 시녀들과 함께 나일 강에 나와 목욕을 하다가 갈대 사이에 있던 상자를 보고 시녀를 보내어 가져오게 했다. 갈대 상자를 열어보니, 그곳에는 아기가 울고 있었다. 문득 불쌍한 생각이 든 그녀는 이렇게 말했다. "히브리 사람의 아기로다!"

히브리 사람의 아기는 당시 법으로 보면 죽어야 하지만 차마 죽일 수가 없었다. 왕의 명령이 있었지만 그 아기가 너무 불쌍하다는 생각이 든 공주는 마치 자기가 낳은 아이처럼 유모를 데려다가 젖을 먹이고 기른다. 그리고 아기의 이름을 '모세'라고 지었는데, 이는 '물에서 건져내었다'라는 뜻이다.

　　　　　　　　　　　　　　　　　　　　　차이나는 복의 클래스

그날 모세는 그렇게 살아났다. 악어가 물어가기 전에, 천민 중의 한 사람이 데려가기 전에 애굽 공주에 의해서 구출된 것이다. 특별히 공주는 모세를 불쌍히 여겼다. 법에 따라 마땅히 죽어야 하지만, 가진 것 없고 내세울 것이 아무것도 없지만 그냥 불쌍히 여겼다. 공주의 불쌍히 여김으로 인해 모세의 인생은 달라졌다.

어느 날 성경을 읽는데 나도 누군가 나를 불쌍히 여겨주었으면 좋겠다는 생각을 한 적이 있다. 당신은 이런 적이 있는가? '누군가 나를 불쌍히 여겨주었으면 좋겠다! 할 줄 아는 것도 많지 않고 능력도, 물려받은 재산도, 건강도 없지만 잘 살고 싶다' 하는 마음이 든 적이 없는가? 무슨 방법이 있었으면 좋겠는데 마땅치 않을 때 '누군가 나를 불쌍히 여겨주면 좋겠다' 하는 마음.

늘 웃는 얼굴로 살아도 그 속에는 아픈 구석이 누구에게나 있다. 안 그런 척하고 살지만 답답함과 서운함과 서러움도 있을 것이고, 잘 살고 싶은데 마음처럼 되지 않아서 능력과 환경의 한계로 인해 속상했던 적도 있을 것이다. 아들을 위해서 크게 뭐 좀 해주고 싶은데 가진 건 없고, 딸에게 도움이 되고 싶은데 도와주지도 못하고, 부모님께 제대로 효도하고 싶은데 병원비조차 부담해드릴 수 없는 가난함에 속상한 적이 있을 것이다.

나도 목사가 되고 나서 목회를 잘하고 싶었다. 남들처럼 잘하지는 못해도 중간이라도 따라가고 싶었다. 그러나 아는 것도 없고, 본 것도 없었다. 우리 집안에는 사돈에 팔촌까지 다 따져도 목사 한 사람이 없었다. 외할아버지가 장로님이셨다는데 일찍 돌아가셔서 얼굴을 본 적도 없다.

목회를 해야겠는데, 열심히 아주 잘하고 싶은데 나를 불러주는 교회가 한 곳도 없었다. 저 산골이든 섬이든 시골 교회든 전도사 자리라도 누가 소개해주면 좋겠는데 아는 사람이 하나 없고 그럴만한 인맥도 없으니 기도할 수밖에 없었다.

학교를 졸업하고 다른 친구들이나 형들은 목회 자리를 찾아 척척 나가는데, 나는 오라는 곳도 갈 곳도 없었다. 그래서 40일 동안 아침 금식을 하며 종로구 평창동 삼각산에 기도하러 다녔다. 의지할 곳이라고는 하나님 한 분밖에 없으니 그 산에 올라 다니면서 늘 기도한 제목이 있다.

"주여 나를 불쌍히 여기소서!"

잘 살고 싶은 열심은 있었다. 열심조차 없다면 불쌍히 여길 이유가 없을 것이다. 간절함과 사모함은 있었다. 큰 걱정에 소화가 되지 않아서 늘 위장약을 달고 살만큼 마음은 간절했지만 능력이 없었다. 인맥도 재력도 건강도 실력도 없었다. 그래서 더욱 간절하게 기도했다.

'하나님! 아는 사람이 하나도 없으니까 제가 찾기 전에 누군가 제게 전화를 걸어서 오라고 했으면 좋겠어요.'

참 소극적인 기도였지만 그렇게밖에는 할 수가 없었다. 능력 있는 사람 중에 아는 사람도 없고 실력도 없었으니까. 또 기도했다. 이왕이면 저 섬이나 시골보다는 구석이라도 좋으니 서울이면 좋겠다고. 그러면서 서울에서 목회하려면 돈도 많이 든다는데 전셋집도 구해야 되고 상가 임대료도 내야 되고 보증금도 있어야 하니 돈 문제도 주님이 해결해주시라고 또 기도했다.

"주여! 나를 불쌍히 여기소서!"

그렇게 기도한 지 30일이 다 되어가던 어느 날, 내 친구로부터 전화가 걸려왔다.

"구영아, 내가 가락동에서 목회하고 있는데 목회 안수를 받고 다른 교회 부목사로 가게 됐어. 내 후임으로 너를 생각하는데 와서 인사하는 게 어때? 기도하는데 문득 네 생각이 나더라. 여기서 목회하고 싶으면 와. 수요예배에 와서 교인들하고 인사해. 감리사님하고 인사권을 가진 다른 목사님들에게는 다 이야기해 놓았으니 오기만 하면 돼. 그런데 교회 보증금하고 월세가 꽤 드니까 그건 네가 해결해야 돼. 전셋집도 네가 구해야 되고."

얼마나 고마웠는지 모른다. 세 가지 기도제목 중에 두 가지나 이루어졌기 때문이다. 기도한대로 생전 연락도 없던 친구가 먼저 전화를 해왔고, 지역도 서울이었다. 그러나 아쉬움도 있었다. 내가 하도 급하니까 서울 아무데라도 보내주시라고는 했는데 이왕이면 중심지에서 목회하게 해달라고 할걸. 당시 가락동은 그때 내가 살던 서울의 중심지인 종로에서 한참 떨어진 변두리였다. 그러나 두 가지를 해결하신 하나님께서 세 가지 기도에 다 응답하실 거란 믿음이 생겨서 가락동으로 갔다.

그때 나는 종로구 청운동에 살고 있었는데 3월의 어느 수요일, 교회로 갔더니 그곳은 빛이 하나도 들어오지 않는 완전 지하였다. 꺾어져 내려가는 계단도 아니고 일자로 쭉 뻗는 지하. 나조차도 내려가기 싫은 지하 교회였다. 그런 교회는 처음 가봤다. 전도사 생활을 하면서 그런 교회도 좀 가보고 경험이 있었으면 좋았을 텐데 아는 것도 없고 아는 선배나 동료들도 많지 않아서 지하에 있는 예배당을 내려가보는 것은 처음이었다.

교인이 한 사람 앉아 있었다. 김미자 권사님! 그 당시 30대 초반이었던 집사님은 5명 모이는 자그마한 교회의 모든 살림을 혼자 해내시던 분이었다. 그렇게 목회를 시작했다. 설교 준비를 하는데 참 어려웠다. 날마다 큰 고민이 설교에 대한 고민이었을 정도였다. 아는 게 없고 실력이 없으니 해볼 수가 없었다. 매일 새벽기도는 인도해야 하는데 어떻게 설교해야 할지 몰랐다. 내일 새벽이 안 왔으면 좋겠다는 생각도 했었다. 주일은 왜 그렇게 빨리 돌아오고 수요예배에 심야기도까지 있는지…, 거기다 속회예배까지 인도해야 했다.

다행인지 불행인지 교인이 세 가정밖에 없어서 심방 갈 곳도 없어 좋긴 했지만 설교 준비가 너무 힘들었다. 그래서 어떤 목사님께 물어봤다. 내가 일주일에 설교를 10번 이상 해야 돼서 매일 한 개 이상의 설교 원고를 써야 하는데 도저히 못하겠다고, 어떻게 해야 하느냐고!

그런데 목사님들은 늘 남 이야기라 너무 쉽게 대답한다. "기도하면 됩니다!" 늘 물어보면 기도하면 된단다. 누구는 기도를 안 하나? 나도 기도는 한다. 그런데 설교는 여전히 안 되었다. 기도원에도 자주 다녔다. 교회에서 한 시간 정도 거리에 있는 기도원에서 조금 먼 기도원까지 안 가본 데 없이 좋다고 하면 다 다녀보고 철야도 하러 다녔다. 금식도 하면서 꾸준히 다녔다. 그래도 여전히 설교가 어려웠다.

창세기 1장부터 새벽기도 설교를 하려고 하는데 아무리 창세기 1장을 읽어봐도 설교를 어떻게 해야 하는지 모르겠는 것이다. 그래서 기독교 백화점에 가서 없는 살림에 '창세기'란 단어가 있는 책을 다 사왔다. 돈이 없으니 청계천에 있는 헌책방을 찾아다니면서 목사님들의 설교집과 주석 책들을 사 모았다. 그리고 날마다 읽었다. 그렇게 읽고 또 읽으면서 한 편 한 편 설교를 준비해 가는데, 정말 너무 힘들었다.

남들은 늘 은혜 받는다고, 목사님 설교는 참 좋다고 말하지만 사실 난 힘들었다. 그만 했으면 좋겠다는 생각이 들 정도였다. 능력 안 되지, 실력 없지, 돈 없지, 건강 안 되지…. 그런데 그렇게라도 하지 않으면 교회가 문 닫게 생겼으니 어떻게든지 해보려고 발버둥치다가 어지럼증에 구토 증상이 생기고 간과 위장에 이상이 왔다. 30대 초반에 병원에 입원해야 하고 뇌 검사를 받는 과정을 겪으면서 기도제목이 하나 생겼다. 늘 예배당에 앉으면 딱 한 가지 기도만 나왔다.

'주님! 해보려고 하는데 잘 안됩니다. 주여, 나를 불쌍히 여겨주시옵소서! 갈대 상자에 담겨 울고 있던 모세를 애굽의 공주가 불쌍히 여겨 살려주고 품어주고 왕자로 키운 것처럼, 주여! 나를 불쌍히 여겨주시옵소서!'

이런 기도를 해본 적이 있는가? 내 마음이 이해되지 않는가? 우리 모두 살려고 애쓴다. 그것도 남들보다 잘 살고 싶은데 잘 안 된다. 배운 게 다르고, 체력이 다르고, 물려받은 게 다르고, 환경도 너무 다르기 때문에 따라갈 수가 없는 것이다. 그렇다고 주저앉고 싶지는 않아서 또 기도한다. "주여! 나를 불쌍히 여기소서!"

만약 이런 기도를 드려본 적이 없다면 그 사람은 너무 철이 없거나 잘 살고 싶은 거룩한 욕심마저도 없는 사람일 것이다. 바로 죄인들이다. 어쩌면 그런 사람들은 감사함조차 알지 못하는 헛똑똑이, 거짓 그리스도인일 수 있다. 적어도 예수를 믿는 사람들 중에 하나님께서 주신 사랑을 알고, 용서를 알고, 사명을 알고, 또 한계를 아는 사람이라면 이런 기도를 수도 없이 드려야 했을 것이다.

그 당시 내게는 소원이 있었다. 하나님께서 나를 불쌍히 여겨주셨으면 하는 거였다. '해보려고 애써도 잘 안 되는 걸 어떻게 하나.' 그 간절함이 없는 사람들은 이 마음을 모를 것이다. 그 애타는 마음이 없는 사람들은 이 마음을 모를 것이다. 한번은 찬양을 열심히 인도하는데 그 자리에 계셨던 어떤 유명한 목사님께서 나를 보시고는 "저 사람 똥줄 타면서 산 사람이네. 참 간절하게, 참 애절하게 소원을 가지고 믿는 사람이네."라고 하시는 게 아닌가.

당신은 이런 말을 들어본 적이 있는가? 안 한 게 아니다. 죽도록 쓰러져 죽을 만큼 해본 사람들은 이 마음을 알 것이다. 그런데도 잘 안된다면, 늘 엎드려 기도하라. "주여! 나를 불쌍히 여기소서!"

수로보니게 여인

어느 날 성경을 읽는데 어느 구절의 말씀이 눈에 확 들어왔다. 수로보니게 여인의 이야기였다. 그 당시 예수님의 주 전도 무대는 갈릴리 지방이었다. 세 차례 정도 예루살렘을 방문하시고, 한 차례 정도 사마리아를 방문하셨다. 그러니 대부분의 이야기는 갈릴리를 중심으로 이어지는데, 마태복음 15장 전반부는 갈릴리 지방 그것도 아주 번성했던 가버나움의 회당을 중심으로 많은 바리새인들과 서기관들의 논쟁으로 이어졌다. 특히 예루살렘에서 파견된 사람들과의 논쟁도 있었는데, 당시 지배 계층이었던 이들과의 안 좋은 관계는

차이나는 복의 클래스

제자들에게는 매우 근심스러운 정도였다.

이를 아시는 예수님께서는 제자들을 다시 교육하시고 쉬게 할 필요를 느끼셨다. 물론 예수님도 쉬셔야 했다. 쉬지 않으면 짜증나고 욱하는 성질도 생기며 능률도 많이 떨어지기 때문이다. 그래서 예수님은 제자들과 더불어, 요즘으로 치면 해외여행을 떠나셨다. 갈릴리에서 국경을 넘어 북쪽으로 가면 유대인들이 살지 않고 비유대인들이 거주하는 베니게가 있는데, 그곳을 수로보니게라고도 한다.

예수님과 제자들은 그곳의 주요 항구 도시인 두로와 시돈을 지나게 되었다. 당시 두로와 시돈은 베니게 최대의 항구 도시이자 부유했던 번화가였다. 이곳에서 숙소도 잡고 쉬려고 하는데 예수님 일행을 알아본 한 여인이 계속 소리를 지르면서 예수님 뒤를 따라오고 있었다. 이는 피곤하고 지친 제자들에게는 아주 짜증나는 일이었는데, 그 소리를 들은 예수님께서는 전혀 대꾸를 하지 않으셨다. 참다못한 제자들이 예수님께 아뢰었다.

"예수님, 저 여인의 소리를 좀 들어보세요. 귀찮아 죽겠어요. 저 여인이 저렇게 계속 소리를 지르면서 따라오면 우리는 쉬지도 못하고 잠도 못잘 것 같아요."

가만히 보니 이 여인은 유대인도 아니었다. 평행 본문인 마가복음 7장 26절에 보면 이 여인은 수로보니게 족속이라고 되어 있다. 가나안 땅에 살고 있어서 가나안 여인으로 불리지만 유대인이 아니고 수로보니게 족속이라는 것이다. 언어도 아람어나 히브리어가 아닌 헬라말을 하는 여인이었다. 말도 잘 통하지 않는 여인이 예수님 일행을 따라오면서 하는 말의 내용은 자기 딸이 아주 심한 귀신에 들려서 병이 중하니 고쳐 달라는 것이었다.

그 여인은 예수님을 '주님'이라고도 부르고 '다윗의 자손'이라고도 불렀다. 자기를 불쌍히 여기시고 도와달라고 소리 질렀다. 그러자 예수님께서는 여인에게 이렇게 말씀하신다.

"자녀의 떡을 취하여 개들에게 던지는 것은 옳지 않다. 나는 이스라엘 사람들을 더 사랑하지, 너희 같은 이방인들에게는 별로 관심이 없다."

물론 이렇게 말씀하신 것은 예수님의 본심이 아니라 그 여인과 제자들을 더 강하게 만들기 위해 테스트하시는 말씀이었는데, 여인은 기가 막힌 대답을 내놓으면서 그 테스트에 합격하고 만다.

"예수님, 옳습니다. 자녀의 떡을 취하여 개들에게 주는 사람은 없습니다. 그러나 자녀가 먹다 남은 것은 개들도 먹습니다."

즉, 내가 당신 보기에 개라고 해도 좋으니 제발 딸을 고쳐달라고 간구한 것이다. 여기서 '개'는 집에서 기르는 애완용 개를 말한다. 여인의 말을 들은 예수님은 크게 감탄하시고는 이렇게 말씀하신다.

"여자여, 네 믿음이 크도다. 네 소원대로 되리라."

성경은 그때로부터 여인의 딸이 나았다고 기록하고 있다. 원문을 그대로 옮기면 그냥 '여자여'가 아니라 '오! 여자여!' 하시면서 감탄하신 것이다. 이 본문을 읽어가는데 당연히 죽게 된 딸을 살린 여인의 간구하는 목소리가 크게 들리는 듯했다. "주 다윗의 자손이여, 나를 불쌍히 여기소서!"

가나안 여자 하나가 그 지경에서 나와서 소리 질러 이르되 주 다윗의 자손이여 나

차이나는 복의 클래스

를 불쌍히 여기소서 내 딸이 흉악하게 귀신 들렸나이다 하되 마태복음 15:22

그러고 보니 성경에 응답받은 사람, 고침받은 사람, 살아난 사람들의 공통적인 기도 가운데 하나가 바로 이 구절이다. "주여! 나를 불쌍히 여기소서!"

앞서 2장에 언급했던 맹인 거지 바디매오의 이야기에도 이 구절이 나온다. 여리고 성에서 구걸하며 살던 바디매오가 눈을 뜨는데 그의 외침은 단 하나였다. "주여! 나를 불쌍히 여기소서!"

맹인 두 사람이 길 가에 앉았다가 예수께서 지나가신다 함을 듣고 소리 질러 이르되 주여 우리를 불쌍히 여기소서 다윗의 자손이여 하니 무리가 꾸짖어 잠잠하라 하되 더욱 소리 질러 이르되 주여 우리를 불쌍히 여기소서 다윗의 자손이여 하는 지라 마태복음 20:30~31

예수님께서 많은 병든 사람들을 고쳐주신 이유를 성경은 불쌍히 여기심에서 찾는다.

예수께서 나오사 큰 무리를 보시고 불쌍히 여기사 그 중에 있는 병자를 고쳐 주시니라 마태복음 14:14

예수님께서 칠병이어 또는 오병이어의 기적을 베푸시게 된 이유를 성경은 그분의 긍휼하신 마음에서 찾는다. 당연히 굶을 수밖에 없는 사람들은 안 먹여쭤도 된다. 그런데 그냥 보낼 수 없으신 예수님의 따뜻한 사랑의 마음! 여기에서부터 기적이 시작되었다.

예수께서 제자들을 불러 이르시되 내가 무리를 불쌍히 여기노라 그들이 나와 함께 있은 지 이미 사흘이매 먹을 것이 없도다 길에서 기진할까 하여 굶겨 보내지 못하겠노라 마태복음 15:32

예수님께서는 나인성 과부의 아들을 살려주셨는데 그 배후에도 예수님의 불쌍히 여겨주시는 마음이 있었다.

주께서 과부를 보시고 불쌍히 여기사 울지 말라 하시고 누가복음 7:13

이처럼 성경에 나오는 기적의 배후에는 예수님의 불쌍히 여기심이 있었다. 나도 이 은혜를 받고 싶었다. 예수님께서 나를 좀 불쌍히 여겨주셨으면 좋겠다는 소원이 생겼다. 그래서 늘 엎드려 기도했다. "주여, 나를 불쌍히 여겨주시옵소서!"
그러던 어느 날, 마태복음 5장 7절의 말씀이 눈에 확 들어왔다.

긍휼히 여기는 자는 복이 있나니 그들이 긍휼히 여김을 받을 것임이요

아, 그렇구나! 하나님께서는 아무나 불쌍히 여기지 않으시고 누군가를 불

차이나는 복의 클래스

쌍히 여길 줄 아는 사람들을 불쌍히 여겨주시는구나! 예수님께서 나를 불쌍히 여겨주시는 복을 받고 싶은데 그런 복을 받으려면 내가 먼저 누군가를 불쌍히 여겨야 하는 것이다.

이 말씀을 읽은 후 다시 보니 불쌍하지 않은 사람이 없었다. 자그마한 교회, 별 볼일 없는 목사가 있는 교회에 나오는 우리 교인들이 참으로 불쌍했다. 큰 교회도 많은데, 훌륭한 목사님도 많으신데 왜 하필 우리 교회에 와서 저 고생을 하나 싶은 생각이 들었다. 큰 교회에 가서 일주일에 주일예배 딱 한 번만 드리고 편하게 사는 사람도 많은데 어쩌다 우리 교회에 와서 전도한다고, 샌드위치 나누는 봉사한다고, 헌금한다고, 무슨 위원이라고 애쓰시는 분들을 보면서 참 안타까운 생각이 들었다. 없는 살림에 빠듯한 경제생활을 하면서도 분에 넘치는 헌금을 하시는 분들을 보면 기도가 절로 나왔다.

피곤해도 지각하면서도 교회에 오고, 와서는 졸면서도 또 온다. 그런데 언제부턴가 지각하고 예배 시간 내내 조는 사람들이 불쌍해지기 시작했다. 누군가를 불쌍히 여기며 사는 여러분이 되길 바란다. 이렇게 되뇌어보자.

"세상에는 안 불쌍한 사람이 아무도 없다!"

"나도 알고 보면 참으로 불쌍한 사람이다!"

긍휼히 여기는 자

성경을 읽다보면 늘 그런 말씀이 눈에 들어온다.

이웃을 업신여기는 자는 죄를 범하는 자요 빈곤한 자를 불쌍히 여기는 자는 복이

있는 자니라 잠언 14:21

가난한 자를 불쌍히 여기는 것은 여호와께 꾸어 드리는 것이니 그의 선행을 그에

게 갚아 주시리라 잠언 19:17

서로 친절하게 하며 불쌍히 여기며 서로 용서하기를 하나님이 그리스도 안에서

너희를 용서하심과 같이 하라 에베소서 4:32

원어를 찾아보았다. '긍휼히 여기는 자'라는 뜻의 헬라어 '엘레에모네스'는
동사 '엘레로'에서 온 말인데, 이는 '불쌍히 여기다', '자비를 베풀다'라는 뜻이
다. 다시 말해 '긍휼'과 가장 가까운 말은 '자비'인 것이다.

성경이 말하는 '자비'라는 말은 그냥 남을 돕는다는 뜻이 아니라, '스스로
잘못하여 당연한 결과로 얻어진 비참함 속에 있는 바로 그 사람을 돕는다'라
는 뜻이다. 실력을 쌓아야 할 때 못 쌓았고 노력해야 할 때 하지 않은 사람,
게으로고 악한 사람, 그럼에도 불구하고 그 사람을 불쌍히 여기며 도와주는
것! 여기에 자비함이, 긍휼히 여김이 있는 것이다.

잘난 사람은 도와줄 일이 없다. 그렇지만 못난 사람은? 그도 하나님의 자
녀이다. 그 무지하고 욕도 잘하고 게으르며 자기 잘못도 모른 채 교만한 사
람, 당장 죽어 없어졌으면 좋겠는 그 사람도 하나님의 백성이다. 수준 떨어지
는 그 못난 사람도 알고 보면 참 불쌍한 사람이다.

차이나는 복의 클래스

그래서 나는 거지들과 살게 되었다. 거지들이 그렇게 불쌍해 보였다. 주위를 둘러보면 나보다 다 잘살고 나보다 못난 사람이 없는데, 그 거지들은 참 안돼 보였다. 개척한 지 얼마 안 되었을 때, 한 거지가 문을 두드리면서 천 원만 달라고 하는데 아무리 뒤져봐도 천 원짜리가 없었다. 없다고, 미안하다고 했더니 뒤로 돌아서서 나가는 거지의 뒷모습이 어찌나 불쌍하든지. 그래서 책상을 마구 뒤졌더니 오천 원 한 장이 나왔다. 저 멀리 가고 있던 거지에게 뛰어가서는 그의 손에 오천 원을 쥐어주며 설렁탕 한 그릇이라도 사먹으라고 했다. 그리고 돌아오려는데 불쌍한 마음이 들어 잠은 어디서 주무시냐고 했더니 아무데서나 잔다고 하길래 그러지 말고 교회 유아실을 따뜻하게 해놓을 테니 잠은 교회에 와서 자라고 했다. 그리고 그날 저녁 그가 찾아왔다. 그렇게 거지들을 데리고 살게 되었다. 거지들하고 살다보면 참 별일이 많다.

　우리 아이들이 어렸을 때 같이 살았던 어떤 거지는 나를 굉장히 무시했다. 돈 없다고 얼마나 무시했는지 모른다. 어느 날은 나에게 와서 자식들 용돈은 좀 주냐고 물어봤다. 내가 어떻게 돈을 주겠는가, 나도 돈이 없는데…. 그는 자격증 있는 거지, 나는 자격증 없는 거지였다. 그는 동냥하기 편한 거지지만, 나는 동냥도 안 되는 거지였다. 같은 거지임을 알게 되면서부터 그는 나를 얼마나 무시했는지 모른다. 어느 날은 나보고 가만히 집에 있으란다. 자기가 돈 벌어 오겠다고. 그러더니 저녁이 되자 500원 짜리 동전을 잔뜩 얻어 갖고 와서는 우리 아이들에게 하나씩 나눠주었다. 그 후 우리 딸이 하루 종일 그 거지를 기다리던 적도 있었다.

　또 우리 교회 5층 성가대실에 거지가 지낼 수 있도록 한 적이 있었다. 성가대는 일주일에 한 번만 와서 사용하니 그 외 시간에 편하게 있을 수 있도록 만들어 준 것인데, 거지는 그게 자기 방인 줄 알았나 보다. 일주일에 한 번씩 성가대 총무로 수고하시던 집사님이 오셔서 성가대실을 깨끗이 청소 봉사를 해주시는데, 거지는 청소하는 아주머니가 와서 자기 방을 청소해주는 줄 알고 그 집사님께 잔소리도 하고 그랬다. 어느 날은 그 집사님이 청소하다 말고 내려와서는 못살겠다고, 저 거지에게 세수나 좀 하라고 그러라고 냄새나서 못살겠다고 하소연을 했다. 그래서 내가 그 집사님에게 말했다. "집사님, 세수할 것 같으면 뭐 하러 거지하겠어요. 세수하기 싫으니까 거지하는 거여." 그러면 집사님은 웃으시며 올라가서는 또 다 치워놓으셨다.

가출한 아이들도 데리고 살고, 전과자들도 데리고 오래 살았다. 그들은 좋은 부모 밑에서 행복한 어린 시절을 보내지 못한 사람들이었다. 어릴 적 고아원을 전전하며 살아온 사람, 학생 때 너무 일찍 술 담배를 배우고 알코올 중독자가 되어서 집에서 쫓겨난 사람, 부모의 이혼 후 아빠의 재혼과 교도소행으로 인해 계모와의 갈등으로 가출한 아이도 데리고 살았었다. 불쌍한 걸 어쩌겠는가.

성경에 보면 하나님께서는 누군가를 불쌍히 여기셨고, 그분의 마음으로 누군가를 불쌍히 여기는 사람들도 불쌍히 여겨주셨다. 아버지 사랑의 비유라고도 하는 '탕자'의 이야기를 알고 있을 것이다. 아버지를 협박해서 돈을 가져간 아들이 돈을 다 탕진하고 돌아왔을 때 그 아버지는 그에게 한마디도 하지 않는다. 그러고는 그 아들을 받아주고 용서하며 함께 살아간다.

탕자를 용서하는 아버지의 마음이 '긍휼'이다. 당연히 야단을 치고 쫓아낼 수도 있었다. 그러나 아버지의 마음에는 보복이나 앙갚음이 없었다. 긍휼히 여기지 않는 이들을 하나님께서는 결코 긍휼히 여기지 않으신다. 하나님은 당신의 자녀가 돌아오면 "너, 돈 다 어디다 썼냐? 남은 거 다 내놔! 당장 나가! 꼴도 보기 싫어." 하지 않으시고 손가락에 가락지를 끼우시고, 송아지를 잡고, 신을 신겨주시며 옷도 입혀주신다.

그 탕자가 바로 우리들이다. 우리는 이러한 대우를 받을 자격이 전혀 없다. 수많은 죄 가운데 살아왔기 때문이다. 다른 사람의 실수로 그렇게 된 것이 아니고 우리 자신의 욕심으로 그렇게 된 것인데, 그 죄마저 덮어주시는 하나님의 용서와 긍휼하심이 있었기에 오늘 우리가 여기에 있는 것이다.

주님의 음성이 들렸다. "너도 가서 이와 같이 하라! 용서할 수 없는 그 사람을 용서하고, 힘없는 그 사람에게 힘이 되어주고, 무능력하고 교만하기 짝이 없는 그 악하고 게으른 사람조차도 불쌍히 여기고 도와주며 살아라!"

늘 주님의 음성을 기억한다. "긍휼히 여기는 자는 복이 있나니 그들이 긍휼히 여김을 받을 것임이요." 주님께서 내게 자비를 베풀어주지 않으시고 주님께서 나를 불쌍히 여겨주지 않으시면 내가 어떻게, 무슨 힘으로 이 거친 세상을 살아가겠는가? 그래서 늘 기도한다. "주여! 나를 불쌍히 여겨주시옵소서!" 그때마다 주님은 말씀하신다. "알았다. 그러니 너도 누군가를 불쌍히 여기며 살아라!"

누군가를 불쌍히 여기며 산다는 것은 사실 참 힘들고 어려운 일이다. 손해가 많이 나는 일이다. 왜 예수님은 이 땅에 오셔서 십자가에 달려 돌아가셨을까? 죄 가운데 살다가 지옥에 갈 우리들을 불쌍히 여기시고 그 지옥문을 닫

아주시기 위해 오신 것이다. 내가 가야 할 그 뜨거운 불구덩이, 내가 매달려 있어야 할 그 십자가에 주님이 나를 불쌍히 여기셔서 대신 그곳에서 못 박히시고 가시관을 쓰신 것이다.

처음에는 이 말씀이 잘 안 믿어졌는데, 어느 날부터 믿어지기 시작했다. 그분의 아픔이 내 탓이라는 것이, 그분의 슬픔과 아픔이 나 때문이라는 것이 믿어졌다. 나를 사랑하시고 불쌍히 여기신 그분이 내 죄 값을 대신 치러주셨음이 믿어졌다. 참 많이 울었다.

주님은 아셨다. 그런 내가 가야 할 지옥의 아픔과 고통을! 그래서 사랑의 주님은 결심하신 것이다. "내 저 어리석고 교만하며 불순종하는 아들, 딸들을 살려주리라!" 그리고 지옥에 가야 할 우리를 대신해서 주님이 직접 그 지옥의 문을 닫으러 가셨다. 우리가 그 문에 들어갈 때 그 문이 열리지 않도록 닫아두시기 위해, 대신 지옥문으로 가셨다. 그게 바로 십자가 사건이다. 그러므로 긍휼의 극치는 '십자가'이다.

내가 지어야 할 죄의 짐을 대신 지시고, 내가 아파해야 할 인생의 아픔을 먼저 담당하시고, 내가 힘들어해야 할 인생을 주님 스스로 짊어지신 사건. 이사야 선지자는 십자가 사건을 이렇게 기록하고 있다.

그는 실로 우리의 질고를 지고 우리의 슬픔을 당하였거늘 우리는 생각하기를 그는 징벌을 받아 하나님께 맞으며 고난을 당한다 하였노라 그가 찔림은 우리의 허물 때문이요 그가 상함은 우리의 죄악 때문이라 그가 징계를 받음으로 우리는 평화를 누리고 그가 채찍에 맞음으로 우리는 나음을 받았도다 우리는 다 양 같아서

차이나는 복의 클래스

그릇 행하여 각기 제 길로 갔거늘 여호와께서는 우리 모두의 죄악을 그에게 담당시키셨도다 이사야 53:4-6

'긍휼'이란 단어는 단순히 마음으로만 불쌍히 여기는 게 아니라 행동으로 동정심이 표현되었을 때 사용되는 말이다. 행동이 따르지 않는 동정은 가증스러운 위선에 불과하다. '긍휼히 여기심'이 바로 그런 의미다. 동시에 불쌍히 여긴다는 말은 내가 손해를 본다는 말이기도 하다. 내 주머니에 있는 것이 나가야 하고 내 시간이 투자되어야 하고 내 손과 발이 바빠져야 하기 때문이다.

예수님은 나를 불쌍하게 보셨다. 죄를 짓고도 죄인지 모르고, 회개하라고 해도 회개조차 하지 않는 나. 당연한 듯 모든 것을 누리려고만 하지, 헌신하거나 감사하다는 표현도 없는 나. 그래서 당연히 맞아야 하고 혼나야 하는 내가 주님은 불쌍했다. 한없이 교만하기까지 한 나를 위해 주님은 그 십자가를 담당하셨다. 사랑하니까! 그래서 주님은 그 엄청난 손해를 보시면서도 희생하시고 헌신하시고 죽으신 것이다.

주님은 말씀하신다. "너도 가서 이와 같이 하라! 내가 너를 불쌍히 여기고 긍휼히 여겨서 너를 살려주고 건져주고 웃으며 살도록 해주고 천국 소망을 준 것처럼 너도 가서 그들을 불쌍히 여기며 그 죄인들을, 그 무지한 것들을, 그 연약한 사람들을 붙잡아주어라!" 여기에 그리스도인의 길이 있다. 세상 사람들은 가지 못하는 우리들만의 길이 있다. 내 힘으로는 안 된다. 그래서 오늘도 기도한다.

"성령님, 도와주세요! 성령님, 도와주세요! 저도 누군가를 긍휼히 여기며 살아갈 수 있게 도와주세요!"

긍휼히 여김을 받지 않으면 우리에게 어떻게 행복, 소망, 감사, 천국의 기쁨이 있겠는가? 주님은 말씀하신다. 내가 너희를 긍휼히 여기며 용서하고 사랑하고 응원해주고 싶다고. 그러면서 부탁하신다. 그러니 이제 내가 너희를 긍휼히 여김 같이 너희도 누군가를 긍휼히 여기며 살아가라고.

남편을 불쌍히 여겨라. 아내를, 자녀들을 불쌍히 여기며 살아라. 지난 주 중국에서 교사로 살아가는 딸에게서 전화가 왔다. 가슴이 마비가 올 정도로 아플 때가 있다고 한다. 혹시 심장이 아픈 게 아닌가 싶었는데, 들어보니 잘 살려고 애쓰며 긴장하며 사니까 근육이 아픈 것 같았다. 심장은 바늘 찌르는 것 같이 아픈 증상인데, 그건 없다고 하니 말이다. 전화를 끊었는데 딸아이가 참 불쌍하다는 생각이 들었다. 일찍이 부모와 떨어져서 강하게 살다가 어린 나이에 중책을 맡아서 감당하느라 애를 쓰는 딸아이가 참으로 불쌍했다. 오라고 해도 안 온다. 엄마가 해주는 밥 먹고 놀면서 쇼핑도 하고 친구 만나고 살 나이에 사명 따라 산다며 선교사 할 거라고 저래 사는 딸아이가 참 불쌍했다. 본인은 좋을지 모르지만, 난 불쌍했다.

부모들은 자녀들을 불쌍히 여기길 바란다. 안되는 머리 가지고 책상에 앉아 있는 아이를 보며 불쌍히 여겨라. 이해되지도 않는 책 붙잡고 공부한다고 앉아 있는 아이를 보면 불쌍히 여겨라.

자녀들은 부모님을 불쌍히 여기길 바란다. 대한민국에서 노인으로 산다는 것은 참 슬픈 일이다. 지하철 공사에서 적자가 나는데 그 책임이 다 노인들의 무임승차 때문이라고 보도가 나온 적이 있다. 어떻게 그런 소리를 할 수 있는

차이나는 복의 클래스

가? 지금 우리가 이만큼 살게 된 데에는 그분들의 노고와 땀이 있었다. 지하철 타는 요금, 자녀들이 내드리는 것은 어쩌면 당연한 일이다. 손해가 나더라도 내드려야 한다. 차라리 경영을 잘 못해서 적자가 났다고 하던가, 수지 타산에 맞는 적정 요금을 책정하지 못했다고 하면 덜 기분이 나쁠 텐데 무슨 정부 관계자와 언론에서 그렇게 다 노인들을 매도할 수 있는가! 그분들이 지하철을 공짜로 타게 해달라고 청와대 앞에서 데모라도 했는가! 선거 때마다 표를 의식해서 그렇게 해놓고 이제 와서 딴 소리라니, 썩을! 업어 드리지는 못해도 노인들 때문에 지하철 운영이 적자가 난다니. 이래서 하나님께서 지옥을 못 없애시나 보다. 꼭 가야 될 것들이 있으니까! 나이 들수록 서럽고, 외롭고, 힘들고, 마음 아프고, 작은 일에도 꿍한 게 오래가는데 자꾸 부모님 속을 긁지 말자. 부모님을 불쌍히 여기며 살기 바란다.

예수님은 나를 불쌍히 여기시고 힘주시고 소망 주시느라고 그 모진 매를 맞으시고 십자가를 담당하셨다. 이것을 기억하며 누군가를 위해 손해 볼 줄 알고, 누군가를 불쌍히 여길 줄 아는 긍휼함의 삶을 살아가길 바란다.

여섯 번째 복

————

하나님을 뵈옵는 사람들

————

Heavenly Blessings in Your Life

마음이 청결한 자는 복이 있나니
그들이 하나님을 볼 것임이요
마태복음 5:8

하나님을 뵈옵는
사람들

회개하지 않은 자의 결말

에덴동산에 살던 아담과 하와가 죄를 짓고 하나님의 동산에서 떠나게 되었다. 하나님께서는 우리를 사랑하시지만 죄인들과 함께 거하시지는 못한다. 죄를 지은 인간들을 돌격하시고 심판하신다. 그래서 우리가 가장 중요하게 생각해야 하는 것이 거룩함이고 회개다. 거룩해야 하지만 그렇지 못하다고 생각될 때는 늘 회개하며 살아야 한다.

아담과 하와가 에덴동산에서 쫓겨난 것은 죄를 지어서가 아니라 회개하지 않아서였다. 하나님은 사랑이 많으시기 때문에 회개한 모든 죄는 용서해주시고 긍휼히 여기사 자비를 베풀어주신다. 그래서 예배당에 오면 제일 먼저 회개 기도를 하고 하나님 앞에 나를 세워야 한다.

아담과 하와가 회개하지 않고 에덴동산에서 추방당한 후에 하나님께서는 아주 중요한 한 가지 조치를 취하셨다. 그들이 동산 밖에서 살다가 힘이 들고 어려워지면 다시 에덴동산으로 숨어 들어올 것을 아셨기에 보초를 서는 무인 순찰 칼을 만드신 것이다. 그것은 자동으로 에덴동산을 순찰하며 아무도 들어오지 못하도록 막아주는 칼이다. 이 칼의 이름이 무엇인지 아는가? 바로 '화염검'이다. 하나님께서는 사람들이 넘어올 것 같은 에덴동산 동편에 천사들을 배치해 두시고 동시에 두루 도는 화염검을 두셨다. 그래서 생명나무를 따 먹지 못하도록 막으셨다. 이 칼은 히브리어로 '라하트 하헤렙'이라고 하는데, 이는 조성기 작가의 장편소설 제목이기도 하다.

> 이같이 하나님이 그 사람을 쫓아내시고 에덴 동산 동쪽에 그룹들과 두루 도는 불 칼을 두어 생명 나무의 길을 지키게 하시니라 창세기 3:24

'화염검'의 뜻은 빙빙 도는 불 칼이라는 뜻이다. 사람이 휘두르지 않아도 스스로 불을 뿜어대고 빙빙 돌아다니면서 지키는 칼, 누가 넘어오면 불로 태워버리는 칼이 바로 화염검이다. 이 천사들과 화염검 때문에 그 후로는 에덴동산에 들어가는 사람이 없었다. 거룩하지 않은 사람들이 그곳에 오는 것을 하나님께서 거절하신 것이다. 그렇게 막힌 에덴동산, 그렇게 끊어진 하나님과 인간과의 관계, 이 관계를 다시 잇는 중요한 분이 예수님이시다. 예수님은 말씀하셨다.

차이나는 복의 클래스

예수께서 이르시되 내가 곧 길이요 진리요 생명이니 나로 말미암지 않고는 아버지께로 올 자가 없느니라 요한복음 14:6

예수님을 절대적으로 신뢰하고 예수님의 삶을 흉내내서 살다가 모두 천국에 이르는 믿음의 사람, 구원받은 백성들이 되길 주님의 이름으로 축원한다.

하나님을 보고 싶었던 사람들

성경에 보면 하나님을 만나고 싶었던 많은 사람들이 있었다. 눈으로 보고 싶었던 사람, 대표적인 사람이 아브라함과 모세다. 그들은 하나님을 뵙고 싶었지만 죽는 날까지 뵙지 못했다. 구약 인물들 중에 누구도 하나님을 본 사람은 없다. 단지 그분의 음성을 깨닫고 순종하며 산 사람들이 있을 뿐이다. 사실 그것만 해도 대단한 것이다. 하나님의 음성을 들을 줄 아는 사람도 없고, 깨닫는 사람도 없고, 순종하는 이도 없던 시대에 탁월한 영성으로 하나님의 음성을 들은 사람들이기 때문이다.

한번은 미국에 가서 돌아다니는데 갑자기 한국말이 들렸다. 미국 사람들 속에서 영어밖에 안 들렸는데, 영어를 못 알아들으니 모든 영어 소리가 소음이라 여기고 있었는데 갑자기 한국말이 들리니 귀에 쏙쏙 박혔다. 그때 깨달았다.

'아, 이거구나! 세상 사람들이 하나님의 말씀에는 관심도 없고 자기들의 소리를 내고 사느라 그분의 음성이 들리지 않고 못 알아듣는 거구나. 나하고 주파수도 다르고, 코드도 다르고, 언어도 다르니까 못 알아듣는 거구나. 그렇지만 누군가 하나님과 코드가 맞는 사람들, 그분의 말씀을 듣고 싶어 하고 순종하고 싶어 하는 이들에게는 여전히 하나님의 말씀이 아주 선명하게 들리는구나!'

이런 경험을 해보았는가? 중국 공항에 있으면 다 중국말만 들리는데 갑자기 한국 사람이 등장하면서 한국말이 들리기 시작할 때! 하나님의 음성도 그러하다. 성경을 아무리 읽어도 하나님의 말씀이 들리지 않는다. 그냥 대강대강 장 수 채우는 것 가지고는 하나님의 말씀을 구별해내기 어렵다. 주일마다 교회에 와서 예배를 드리고 설교를 듣지만, 그분의 말씀이 잘 들리지 않을 때가 대부분이다. 오히려 하나님의 말씀을 듣는다는 사람들이 신기할 뿐이다.

그런데 성경에서 참 이상한 이야기를 하나 보았다. 마음이 청결한 사람은 복이 있는데 그들이 하나님을 볼 거라는 이야기다. 여기서 '본다'는 말은 눈으로 본다는 말이 아니라 '하나님의 말씀을 분간한다', '하나님의 말씀을 깨닫는다', '이해하고 발견한다'라는 뜻이다. 더 정확히는 '경험을 통해 알게 된다'는 뜻이다.

구약성경 출애굽기 19장이나 사사기 6장에 보면 그 당시 거룩하신 하나님을 본다는 것은 곧 죽음을 의미했다. 죄인된 자가 거룩하신 하나님을 보면 그 즉시 죽는 것이었다. 그러니 하나님을 본다면 그는 얼마나 거룩한 사람이겠는가!

요한일서 3장 2~3절에 보면 천국을 수도 없이 본 사도 요한이 이런 이야

차이나는 복의 클래스

기를 한다. 예수님이 다시 나타나시게 되면 우리가 그분을 볼 수 있는데 그러려면 주를 향하여 부활과 재림에 대한 소망을 가지고 자기를 깨끗하게 해야 한다고, 그러면서 청결한 사람들이 하나님을 보게 될 것이라고 강조한다.

또 요한계시록 21장에 보면 하나님이 계신 보좌가 있는데 그곳 가까이에 갈 수 있는 사람들은 오직 어린 양의 생명책에 기록되어 있는 용서받은 죄인들이라고 나온다. 흠이 없어진 사람들!

무엇이든지 속된 것이나 가증한 일 또는 거짓말하는 자는 결코 그리로 들어가지 못하되 오직 어린 양의 생명책에 기록된 자들만 들어가리라 요한계시록 21:27

또 히브리서 12장 14절을 보라.

모든 사람과 더불어 화평함과 거룩함을 따르라 이것이 없이는 아무도 주를 보지 못하리라 히브리서 12:14

보기는 보는데 아무나 볼 수 없는 분이 하나님이시다. 안 계신 것이 아니다. 그분의 말씀이 안 들리는 것도 아니다. 단지 우리들에게 문제가 있어서 그분의 음성도 듣지 못하고 뵈올 수도 없고, 경험적으로 알아내지도 못하는 것이다.

에덴동산은 비록 라하트 하헤렙, 즉 화염검으로 지켜지고는 있지만 아무도 못 들어오는 곳이 아니라 예수님의 보혈의 피로 죄 씻음 받은 모든 이들은 언제라도 들어갈 수 있는 곳이다.

주님을 믿는 모든 성도들이 마음이 청결한 사람들이 되어 날마다 하나님의 음성을 듣고, 그분의 말씀을 깨달아 알아가길 주님의 이름으로 축원한다.

의롭고 경건한 자

지난번에 어딜 갔더니 안내하시던 분이 오늘 여기에 미스코리아 출신의 탤런트가 온다고 굉장히 흥분해서 말을 했다. 그런데 난 그 사람이 누군지도 몰랐고, 관심도 없었다. 그 사람에게는 탤런트 아무개가 의미가 있을지 몰라도 나에게는 아무런 의미가 없다.

하나님도 그러하시다. 하나님을 뵈옵는 것, 그분의 음성을 듣는 것, 그분을 경험하는 것에 의미를 두는 사람에게는 그분과의 만남 자체가 큰 복이 되지만, 아무런 사모함이나 간절함이 없고 하나님이 어떤 분이신지도 모른 채 궁금하지도 않은 사람들에게는 그분과의 만남 자체가 복도 아니고 의미도 없는 일이다. 그들에게 천국은 없다. 에덴동산도 없다. 행복도 없다. 왜 그렇게들 불행해하고, 왜 그렇게들 자살하는 것인지…. 왜 그렇게 연예인들이나 가수들, 배우들에게는 관심이 많으면서 복의 근원이신 하나님을 뵈려고 하질 않는 것인지…. 그리스도인이라면 탤런트나 정치인들을 만나는 것보다, 돈 많고 유명한 사람들이나 가수나 스포츠 스타를 만나는 것보다 하나님을 사모하는 사람들이 되어야 한다.

차이나는 복의 클래스

신약성경 누가복음 2장에 보면 예수님이 태어나신 지 8일 만에 어머니 마리아 품에 안겨서 성전을 방문하시는 이야기가 나온다. 예수님의 육신의 어머니 마리아와 아버지 요셉은 모세의 법대로 정결예식의 날이 차자 아기 예수를 데리고 예루살렘에 올라간다. 그런데 마침 그날 그곳에 시므온이라는 할아버지가 계셨는데, 성경은 시므온을 의롭고 경건한 자라고 소개한다.

그가 얼마나 의롭고 경건했는지 성령님께서 그에게 한 가지 약속을 해주셨다. 온 인류를 구원하실 구원자가 오실 건데 다른 사람들은 못 보아도 너는 그 사람을 알아보게 될 것이라는 약속이었다. 시므온이 그날도 성전에 있는데 마침 마리아와 요셉이 아기 예수를 안고 들어왔다. 그곳에는 많은 사람들이 있었고 요셉과 마리아를 보고 있었다. 그런데 아무도 그 아기 예수가 그리스도이심을 알아보지 못했다. 그 아기 예수가 후에 온 인류를 구원하실 구원자임을, 성령으로 잉태되어 태어난 하나님의 아들이심을 알아보지 못했다.

그런데 거기에 있던 시므온 할아버지만은 금방 알아보았다. 그러고는 아기 예수를 안고 축복하며 즉시 하나님을 찬양했다. 이뿐만이 아니다. 조금 앞으로 나아가자 그곳에는 안나라는 할머니가 있었는데, 그분은 선지자였다. 결혼하고 일곱 해 동안 남편과 살다가 남편이 죽은 후 성전을 떠나지 않고 주야로 금식하고 기도하며 하나님만을 섬기며 살던 청결한 사람이었다. 그녀 역시도 아기 예수가 하나님의 아들이시고 온 인류의 구원자가 되심을 알아보았다. 그래서 주변에 있던 사람들에게 예수님에 대해 설명하기 시작했다.

그날 그곳에는 아주 많은 사람들이 있었는데 어떻게 안나 할머니와 시므온 할아버지만이 예수님을 알아보고 그분을 증거할 수 있었을까? 성경은 시므온과 안나를 설명할 때 의인, 경건, 성전 중심, 기도 중심, 금식과 같은 단어들을 사용하고 있다. 여기서 '의인'은 히브리어로 '체덱'이라는 말인데, 원래 의미는 '공동체 속에서 자신의 역할을 잘 감당하는 사람'이라는 뜻이다.

구약성서에는 많은 의인들이 나온다. 에녹, 노아, 아브라함, 이삭, 야곱, 시므온, 레위, 요셉, 욥, 다윗 등 이들을 모두 의인이라고 한다. 그렇다고 해서 이들이 하나님 앞에서 흠잡을 데 없이 항상 옳은 사람들은 아니었다. 이들도 우리와 같이 허물이 많고 실수가 많은 사람들이었다. 단지 차이가 있다면 이들은 '나'를 생각하기 전에 '공동체'를 먼저 생각한 사람들이요, 오늘날 우리들은 '공동체와 교회와 국가'를 생각하기 이전에 '나'를 생각한다는 데 있다.

그러므로 구약성서에서 의롭다고 하는 것은 윤리적으로, 법적으로, 정치적으로, 종교적으로 규범을 잘 지켰다는 의미가 아니라 공동체를 위해서 얼마나 자신에게 주어진 역할을 잘 감당했느냐에 따라서 그를 의롭다고도 하고 불의하다고도 하는 것이다.

또한 '경건'이라는 단어를 우리는 주목할 필요가 있다. 시므온을 설명할 때 성경은 이 단어를 사용하고 있는데, 우리는 흔히 경건하다고 하면 개인적인 경건을 떠올린다. 그래서 말수가 적고, 왠지 거룩해 보이고, 농담도 잘 못하고, 술 담배는 당연히 안 하고, 그저 늘 교회에 와서 성경 보고 찬송하고 기도하는 사람을 경건하다고 말하지만 성경에 나오는 경건의 의미는 전혀 다르다. 이 단어 역시 '공동체 속에서의 경건'을 의미한다. 나 혼자 거룩한 척한다고 해서 경건하다고 하지 않는다.

야고보서 1장 27절을 보면 "하나님 아버지 앞에서 정결하고 더러움이 없는 경건은 곧 고아와 과부를 그 환난중에 돌보고 또 자기를 지켜 세속에 물들지 아니하는 그것이니라"라고 말하고 있다. 그렇다. 경건이라는 단어도 공동체 속에서 남들을 돌보는 가운데 이루어지는 것이지, 혼자 거룩한 척하고 산다고 해서 경건한 것이 아니다.

시므온은 이 조건에 합격한 사람이었다. 공동체 속에서 자신의 역할을 잘 해냈을 뿐만 아니라 어려운 사람들을 잘 돌보고 배려하는 사람! 그는 마음이 청결한 사람이었다. 그래서 그는 하나님의 아들을 알아보는 복을 받게 된 것이다. 우리는 그 당시에 제일 부자가 누구였는지는 모르지만 시므온과 안나의 이름은 성경에 기록되어 있다는 것을 잊지 말아야 한다.

주님은 말씀하신다. "마음이 청결한 자는 복이 있나니 하나님을 볼 것임이요."

마음이 청결한 사람들

우리나라 일제 강점기 때의 민족 지도자들 중에 전덕기라는 목사님이 계셨는데, 그는 참으로 마음이 청결했던 분이었다. 신식 학문을 많이 배우지는 못하셨어도 성경 속에서 하나님을 만나고 그분의 음성을 듣고 그분의 뜻대로 살려고 애쓰시던 분이었다.

전덕기 목사를 아는 사람은 그리 많지 않다. 도산 안창호, 독립협회의 서재필, 헤이그의 이준 열사를 알고, 이승만 대통령을 알고, 백범 김구는 알지만 이들에게 많은 영향을 주고받았던 전덕기 목사를 아는 사람은 그리 많지 않다.

소년 전덕기는 1875년 12월 8일 서울의 정동에서 태어나 9세가 되던 해에 부모를 모두 잃고 작은 아버지 집에서 거하며 평범하게 살았다. 그러다가 그의 나이 17세 때에 커다란 생의 변화가 일어나는데 그것은 바로 한국에 와 있던 선교사 스크랜턴 목사와의 만남이었다.

그는 적개심에 불타서 미국인의 집에 돌을 던져 유리창을 깬 적이 있는데, 그때 그 집에서 나온 사람이 스크랜턴이었다. 스크랜턴이 나와서는 기대와는 달리 너무나 따뜻하게 자기를 맞아주는 것에 감동한 그는 그 인연으로 상동교회에 다니게 된다. 그리고 1896년 21세 때 세례를 받고 본격적인 기독교인으로서의 삶을 살게 된다.

청년 전덕기를 움직였던 하나님의 말씀은 "가난한 자에게 복음을, 포로된 자에게 해방을, 억눌린 자에게 자유를, 고통받는 자에게 평안을 주시겠다"고 하시는 누가복음 말씀이었다.

서재필 박사가 미국에서 돌아와 1896년 7월 이상재, 윤치호, 이승만과 함께 독립협회를 조직하여 활동하던 당시 이승만과 절친한 사이였던 전덕기는 서무부장급에 해당하는 직책을 맡아 활동하였다. 그러다가 1907년 목사 안수를 받고부터 상동교회를 중심으로 대대적인 빈민구호운동과 독립운동을 펼쳐 나간다. 전덕기 목사는 딱 두 가지만 생각하고 살았다.

"내 주변에 힘들고 어려운 사람들이 너무나 많은데 어떻게 하면 하나님의 사랑을 실천하여 이들을 하나님께로 인도할 수 있을까?"

차이나는 복의 클래스

"이 나라의 독립을 위해 내가 할 일이 무엇일까?"

남대문 시장을 중심으로 상동교회가 운영되고 있던 때, 장질부사라는 전염병이 돌아서 사람들이 죽으면 가족들이 장례도 치르지 않고 거리에 버렸는데 전덕기 목사는 가족들도 버린 그 시체들을 모아다가 장례식을 치러주던 사랑의 목자였다. 남대문 시장 부근에 있는 가난한 집에서 초상이 나면 으레 전덕기 목사가 찾아갔다. 그의 이웃에 대한 봉사는 입술만의 봉사가 아니었기에 그의 신망은 하늘을 찔렀다.

그는 항상 나막신과 마른 쑥 한 움큼을 가지고 있었는데 이 나막신은 시체가 부패하여 맨발로는 도저히 들어갈 수 없는 집에 가기 위함이었고, 쑥은 시체가 있는 방이 악취가 나서 아무도 못 들어갈 때 마른 쑥을 비벼 코를 막은 후 장례를 진행하기 위함이었다.

1905년 11월 17일 일본 군대가 왕궁을 포위하고 을사보호조약을 체결하자 전덕기 목사는 눈물의 기도만 하고 있을 수가 없어 전국의 기독교 청년들을 교회로 모으기 시작했다. 그중에는 진남포 청년회 총무로 있던 김구가 있었고, 2년 후 헤이그에서 죽은 평리원 검사 이준이 있었다. 상동 청년회를 운영하며 민족의 깊은 잠을 깨우고, 이 나라를 회복하자고 외칠 때 그 곁에는 수많은 사람들이 있었다. 김구, 이동녕, 이준은 물론 이승훈, 이상설, 최남선, 이상재, 주시경, 윤치호, 이승만 등은 모두 세칭 상동파로 속한 인물들이었다.

교육에도 많은 관심을 가지고 있었던 전덕기 목사는 상동 청년학원이라는 학교를 세워 학생들에게 한글과 역사 등을 가르침으로써 무지한 백성에 대한 사랑을 표현했다. 이때 한글을 가르친 분이 주시경 선생이고, 국사를 가르치던 분이 육당 최남선 선생이다.

특히 육당 최남선은 전덕기 목사의 감화를 크게 받은 분으로서 그는 3.1 운동의 독립 선언문을 쓸 때의 기본 정신은 기독교 정신이었다고 고백한 바 있다. 그런데 그 기독교 정신을 누구에게서 받았느냐는 질문에 대하여 육당 최남선은 "나는 오래전부터 가까이 지내는 이승훈 씨를 매우 존경합니다. 안창호 씨와는 더욱 가까이 지내고 존경하기에 한때 그의 비서가 되어도 좋겠다고 생각했던 적도 있었습니다. 하지만 그들 모두 순수한 기독교 신자라고는 할 수 없지요. 내가 생각하는 순수한 기독교 신자로는 전덕기라는 목사님이 있습니다. 그는 상동교회의 목사로서 열렬한 신앙가이면서 애국자입니다. 나에겐 전덕기 목사님의 감화가 가장 큽니다. 상동교회의 뒷방에는 전덕기 목사님을 중심으로 많은 애국지사들이 모였습니다. 이곳은 사실 이준 열사의 헤이그 밀사 사건의 온상지라고 말할 수 있습니다."라고 고백했다.

3.1운동 33인의 민족 대표 가운데 16명의 기독교 대표들 거의가 전덕기 목사의 감화 밑에 있었던 사람들이었음을 볼 때, 그의 당시의 명성과 영향력을 대충 짐작할 수 있다.

기독교인이 주축을 이룬 신민회의 민족운동으로 인해 체포된 전덕기 목사는 엄청난 고문과 악형을 받게 되는데, 그로 인해 병을 얻어 2년 동안 늑막염과 폐결핵을 앓고 허리에는 악성 종기까지 발병해 1914년 1월부터는 아예 자리에 누워 일어나지도 못하게 된다. 교인들의 간곡한 기도에도 불구하고 전덕기 목사의 병은 점점 악화되었고, 결국 1914년 3월 23일 39세의 이른 나이

차이나는 복의 클래스

에 세상을 떠나게 된다. 그는 "주여, 주여! 이 죄인을 구원하여 주옵소서!"라고 기도한 후 "나는 천사로 더불어 돌아가노라!"라고 외치며 천국에 대한 확신을 가지고 세상을 떠났다. 그가 죽으니 신민회도 죽었고, 상동 청년학원도 끝났으며, 1919년까지 민족운동도 일어나지 않았다. 모든 것이 다 죽은 것만 같았다.

교인들은 전덕기 목사의 유해 곁에 좀 더 머물고 싶어서 6일장을 계획했고, 그의 사망 소식이 서울 장안과 전국에 전해지자 초상꾼들이 몰려와서 그의 관을 붙잡고 울었다. 또 그의 신세를 졌던 가난한 사람들이 달려와서는 우리의 선생님이 죽으셨다고 땅을 치며 통곡했다. 심지어 남대문 일대의 불량배들까지도 와서 그의 죽음을 슬퍼했다. 그의 상여 행렬은 십 리에 뻗쳤고 그 속에는 기생, 백정, 상두꾼들까지 있었다. 당시 헤이그에 있던 이상설 열사는 그의 죽음에 대한 소식을 듣고 충격으로 병을 얻었고 영영 건강을 회복하지 못한 채 1917년에 이국 만 리 객지에서 망국의 한을 품고 외롭게 죽고 만다.

그의 동년배 친구 김구와 이승만의 아픔은 더욱더 컸다. 특히 전덕기 목사가 세상을 떠날 때 감옥에 있어서 장례식에 참여하지 못한 백범 김구 선생은 추도예배에 와서 청중들에게 전덕기 목사를 이렇게 소개했다.

"전 목사님은 바로 이 강대상에 서서 왼손을 하늘 높이 쳐들고 또 발을 구르면서 '여러분은 철저하게 하나님을 믿으면서 철저하게 동포와 나라를 사랑하시오'라고 항상 말씀하셨습니다."

또한 추도예배를 마치고 나오는데 상동교회 앞뜰에 있는 전 목사의 비석을 보자 걸어가서 그 비석을 꼭 껴안고는 "전 목사님의 비석이 비를 맞고 있다니 안될 말이다. 당장 교회 앞 처마 밑으로 옮기시오."라고 하여 전 목사의 비석이 옮겨지기도 했다.

전덕기 목사는 참 청결하게 살았던 사람이었다. 청결해서 하나님의 뜻을 분간할 수 있었고, 그렇게 살다가 그렇게 천국에 가신 것이다. 그는 의롭고 경건하게 살았던 사람이었다. 성경만 달달 외우고 성경퀴즈 대회에서 1등하는 것이 경건한 것이 아니라 내가 믿는 예수, 내 안에 들어와 있는 하나님의 말씀이 가정에서 직장에서 사회 생활하는 동안 나를 통하여 드러나는 것! 이것이 의로운 것이고 경건한 것이다. 그리고 이렇게 살아가는 사람들을 '마음이 청결한 사람'이라고 말하는 것이다.

마가복음의 저자 마가를 잘 알고 있을 것이다. 마가는 출신 성분이 대단히 좋은 사람이다. 그의 외삼촌이 바나바였는데, 그는 초대교회 당시 덕이 제일 많았던 사람이다. 또 그의 어머니 마리아는 초대교회를 세운 사람이다. 예수님께서 열두 제자와 함께 최후의 만찬을 가지셨던 곳이 어디인가? 바로 마가의 다락방이다. 초대교회가 거기에서 생겨났고, 예수님이 부활 승천하신 후에 몇 백 명의 교인들이 살던 곳이 바로 그곳이다.

그 집의 주인이 바로 마리아다. 요즘에는 집에 목사님이 와서 예배드리는 것도 귀찮아한다. 그런데 그 당시는 날마다 교인들이 마리아의 집에 가서 살았다. 밥해줘야지, 청소해줘야지, 잔소리 들어줘야지, 얼마나 귀찮았겠는가? 그럼에도 기쁜 마음으로 그 모든 뒤치다꺼리를 담당한 마리아의 밑에서 산 사람이 마가다.

그 집에 자주 오던 베드로가 그 집의 아들 마가를 양자 삼았으며, 또 초대

교회 지도자 중에 한 사람인 바울도 마가를 양자 삼았다. 초대교회 지도자로는 베드로, 바울, 바나바를 꼽는데 마가는 바나바의 조카이자 베드로와 바울의 양아들이었던 것이다. 즉 베드로의 영성이 마가에게, 바울의 지성이 마가에게, 바나바의 덕스러움이 마가에게로 이어졌다.

그런데 관계의 능력이 별로 없었던 마가는 어떤 일로 삐쳐서는 무려 20년 동안이나 교회를 안 나가게 되는데, 20년 동안 그가 무슨 일을 했는지 기록조차 없다. 그리고 20년 후 그가 다시 등장했을 때, 그는 그동안 엄청난 아픔과 힘듦의 세월을 통해 자신을 만들어 낸다. '신앙 공동체 안에서 자라나고 좋은 환경 속에서 자라난 것은 축복이 아니라 그것은 하나님께서 나에게 주신 사명이다'라고 생각한 것이다.

어느 날 베드로가 병들어 죽어가고 믿음의 선배들이 나이가 들면서 하나둘 흩어지기 시작하자, 마가는 '저분들이 돌아가시면 예수님의 이야기는 누구에게 듣지?'라고 생각하게 된다. 그래서 자기가 알고 있는 예수님의 이야기를 글로 쓰기 시작한다.

상상이나 해보았는가? 그 당시는 컴퓨터는 고사하고 볼펜 한 자루도 없던 시절이었다. 그 시절에는 꽃잎을 짜서 나오는 액체로 글을 쓰거나 아니면 짐승을 잡아 그것의 피를 깃털에 묻혀 양가죽 위에 글을 쓰던 시대였다. 이처럼 한 자 한 자를 인쇄하는 것처럼 쓰던 그 시대에 마가복음이라는 엄청난 작품을 마가가 만들어 낸 것이다. 자신의 이름을 내세우기 위해서 쓴 것이 아니라 내가 알고 있는 예수님의 이야기를 누군가에게 전하고 싶은 소망 때문에 마가복음을 쓴 거였다. 바로 신앙 공동체를 살려내고 싶었던 것이다. 그래서 그가 '의로운 자'인 것이다.

그렇게 의로운 마음을 가지고 예수를 전하고 싶었던 마가에게 하나님께서는 그분의 음성을 들려주신다. 그 음성을 적어 내려간 것이 바로 마가복음이다. 그렇게 쓰인 마가복음을 여러 사람들이 읽기 시작했다. 서기관들이 날마다 마가복음을 베껴놓으면 사람들이 읽었는데, 그 베껴놓은 마가복음을 읽던 중 한 사람이 '어? 예수님 이야기 중에 이거 말고 내가 또 아는 게 있는데…'라고 하며 마가복음에다 자기가 알고 있는 예수님의 이야기를 또 덧붙여서 한 권의 책을 만든다. 그게 바로 마태복음이다.

마가가 없었다면 마태복음도 없었을 것이다. 누가복음도 요한복음도 없었을 것이다. 오직 신앙 공동체를 살리기 위해 온 힘을 다해 노력했던 사람, 마가는 '의로운 사람', '경건한 사람', '마음이 청결한 사람'이었다.

여러분도 이렇게 청결하여 하나님의 뜻을 분간하고 그분의 뜻대로 살아가는 믿음의 사람들이 되길 주님의 이름으로 축원한다.

하나님을 뵈옵는 사람들

하나님은 우리가 눈으로 뵐 수 있는 분이 아니다. 거룩하신 하나님을 부정한 우리들이 마주 대할 수는 없기 때문이다. 죄와 함께하지 못하시는 하나님을 죄인인 우리가 단독자로 만난다는 것은 불가능하다. 그러나 우리를 사랑하시는 하나님께서는 그분께로 나아갈 수 있는 길을 여러 가지의 통로로 열어놓으셨다.

우리는 예수님을 통하여 여호와 하나님을 알 수 있고, 경험할 수도 있다. 또 기록된 하나님의 말씀을 통하여 하나님의 생각과 그분의 계획하심을 읽을 수 있다. 자연 속에서도 얼마든지 하나님을 경험할 수 있고, 하나님의 섭리를 경험할 수 있다.

이 외에도 여러 가지 통로가 있다. 그렇지만 아무나 다 하나님을 알 수 있는 것은 아니다. 그분을 뵈오려면 어느 정도 조건을 갖춰야 하는데, 예수님께서는 그 조건의 하나로 '마음의 청결함'을 강조하셨다.

마음이 청결한 자는 복이 있나니 그들이 하나님을 볼 것임이요 마태복음 5:8

시편 24편에도 이와 비슷한 말씀이 있다.

여호와의 산에 오를 자가 누구며 그의 거룩한 곳에 설 자가 누구인가 곧 손이 깨끗하며 마음이 청결하며 뜻을 허탄한 데에 두지 아니하며 거짓 맹세하지 아니하는 자로다 시편 24:3~4

여기서 '청결'을 뜻하는 희랍어 '카다로스'는 여러 가지 의미가 있는데 '잡것이 섞이지 않은 것, 물을 섞지 않은 우유나 포도술, 찌꺼기가 섞이지 않은 금, 탈곡하여 껍질을 다 벗긴 곡물, 무능한 군사를 뺀 정예 군대'를 의미한다. 단어의 뜻에서 알 수 있듯이 청결은 순수함, 깨끗함을 의미한다.

요한 웨슬레 목사는 "언제 주님이 오시더라도 주님을 맞을 준비가 끝난 삶이 청결한 삶이다"라고 했고, 키엘케골은 "청결이란 우리의 의지가 한 대상만을 향한 것이다"라고 했다. 결국 청결함이란 '원래의 상태로 돌아가는 것', '오직 한마음밖에 없는 것'이라고 생각할 수 있다.

이 말씀은 하나님께서 모세를 통하여 전해주셨던 십계명의 제1계명과 2계명과도 뜻이 통하는 내용이다. "너는 나 외에 다른 신을 네게 있게 하지 말라! 그리고 너는 너를 위하여 우상을 만들지 말고 섬기지 말라"는 말씀과도 맥락을 같이 하는 것이다. 오직 한마음으로 하나님만을 섬기는 것, 다른 것이 섞이지 않은 것이 청결한 것이다.

누가 하나님의 뜻을 알고 그분의 말씀을 이해할 수 있겠는가? 오직 한마음으로 하나님을 모시고 사는 사람! 육신의 정욕과 안목의 정욕과 이생의 자랑에 사로잡히지 않은 사람이다. 경계선상에 서서 머뭇거리며 양다리 걸치지 않는 사람이다.

죄가 들어오기 전의 아담은 하나님을 뵈오며 살았다. 그러나 죄가 들어옴으로써 하나님을 더 이상 뵈올 수 없게 되었다. 죄를 가지고 있는 인간은 하나님의 음성이 들려도 숨어버린다. 하나님의 뜻이 선명하게 보여도 눈을 돌려버린다. 하나님의 섭리를 경험하여도 그것이 하나님의 뜻인지를 분간하지도 못하고 혹 분간한다 해도 순종하지 않는다.

오늘날 우리는 순수성을 잃어 가는 퓨전의 시대를 살아간다. 모든 것을 섞어놓고 흔들어놓는 시대를 살아간다. 문화도 섞이고, 남녀가 섞이고, 옳고 그름이 섞이고, 윤리의 기준이 사라지고 있다. 퓨전(fusion)은 융합, 융해, 서로

차이나는 복의 클래스

다른 두 종류 이상의 것을 섞어서 새롭게 만드는 것을 의미한다. 식생활도 퓨전이고 의복, 가구, 음악도 다 퓨전이다. 주변이 온통 퓨전으로 바뀌다 보니 청결함과 순수함이 빛을 잃고 있다.

퓨전이 항상 좋은 것이 아님을 알아야 한다. 세상 문화와 섞이면 하나님을 뵐 수 없다. 그러므로 성경은 하나님께로 돌아가는 것이 청결한 삶이며, 내 것을 다 버리는 것이 청결한 삶이라고 강조한다.

거룩한 하나님의 형상을 최대한 잃지 않는 것! 여기에 청결의 길이 있다. 그런 사람들만이 하나님의 뜻을 분간할 수 있고 성경을 밝히 이해할 수 있다. 세상에 한 발, 교회에 한 발을 두고 경계선상에서 고민만 하는 것은 안 된다.

하나님을 찾지 않으면 복이 없고 구원이 없다. 하나님을 찾으려면, 만나려면, 그분을 경험하려면 마음이 청결해야 한다. 청결해지기 가장 좋은 방법은 끊임없이 매일매일 회개하는 것이다. 섞여 사는 무리들 때문에 이스라엘 백성은 40년의 광야 생활을 통해 많은 고통을 받았다. 비록 세상의 모든 것들이 섞여 있다고 해도 신앙생활은 회개를 통해, 바른 지식을 통해 청결함을 유지해야 한다. 그러할 때 하나님의 말씀들이 보이고 들리며 경험되어질 것이기 때문이다.

퓨전의 시대에 청결을! 순수함을! 섞이지 않음을 생각한다. 우상 숭배와 탐욕, 음란, 더러운 말이나 생각이 우리를 더럽힌다. 더러워지면 자기 자신을 볼 수 없다. 그래서 성경은 이렇게 말한다.

하나님을 가까이하라 그리하면 너희를 가까이하시리라 죄인들아 손을 깨끗이 하

라 두 마음을 품은 자들아 마음을 성결하게 하라 야고보서 4:8

나는 커피를 마시지 않는데, 그 이유가 청결하게 살고 싶어서다. 1997, 98년 즈음 우리 교회에 새로운 분들이 왔다. 여자 분들이었는데 믿음 생활을 잘 하시다가 어느 날 남편들을 데리고 왔다. 서너 명쯤 되었는데, 예배만 끝나면 그 남편들이 자꾸만 사라졌다. 어디 갔다 오느냐고 물어도 말을 안 했다. 나중에 알고 보니 예배가 끝나면 나가서 다른 건물 뒤에서 담배를 피우고 오는 거였다. 참 묘하게도 예배만 끝나면 담배를 피우고 싶어진단다. 예배 시간에 예배를 드리고 말씀을 듣는 것이 아니라, '언제 끝나나, 담배 피워야 하는데…' 하는 생각만 든다고 했다.

그래서 내가 "믿으려면 그거 정리하세요. 청결하게 믿어야 하나님의 말씀도 이해되고 깨달아지는 것이지, 담배 물고 성경 보면 말씀이 들리겠어요? 그럼 나도 좋아하는 거 하나 끊고 청결하게 해볼 테니 여러분도 끊으세요. 저는 술 담배를 안 하니 커피를 끊겠습니다. 하나님 앞에서 내 평생 커피를 입에 대지 않겠습니다. 청결합시다!"라고 말했다.

몇 달이 지난 후에 확인해보니, 그분들은 담배를 안 끊었고 나만 커피를 끊었다. 그래서 나는 커피를 끊었는데 왜 담배를 안 끊었냐고 했더니, 어느 한 분이 "목사님이 커피를 별로 안 좋아해서 잘 끊어진 것이지만 저희들은 이게 너무 좋아서 안 끊어져요."라고 했다. 그래서 이번에는 내가 이 세상에서 제일 좋아하는 콜라를 끊을 테니 당신들도 끊으라고 말했다. 나는 콜라를 너무너무 좋아했다. 지금도 그 맛이 그리울 때가 있을 정도니까. 닭고기, 피자를

차이나는 복의 클래스

먹을 때나 운동 후에 마시는 콜라 한 잔이 참 좋았다. 콜라를 얼마나 좋아했는지 밥도 먹어야 되고 콜라도 먹고 싶을 땐 콜라에 밥도 말아 먹어봤다. 그러나 그 성도님들과 약속한 이후 콜라를 끊었다. 청결하게 살고 싶었다. 그래야 성경이 더 잘 보일 것 같았고, 그래야 하나님의 음성을 분간할 수 있을 것 같았다. 그런데 나중에 알고 보니 나만 또 콜라를 끊었다. 그 후로는 그들에게 확인하지 않았다. 그건 자신들의 신앙의 문제이지 강요에 의해 할 수 있는 것이 아님을, 성령님께서 임하셔야 하는 것이지 내 의지로 되는 게 아님을 알았기 때문이다. 오히려 내가 받은 은혜가 크다. 그분들을 통하여 하나님은 내게 커피와 콜라를 멀리하게 하셨고 청결함에 대해 더욱 알게 하셨다. 물론 커피와 콜라가 나를 부정하게 하는 것은 아니다. 단지 내 마음이 그렇게라도 해서 하나님께 가까이 가고 싶었다는 말이다. 커피와 콜라는 죄가 없다.

당신은 인생을 살면서 마음이 청결해지고 싶어서 어떤 결심을 해본 적이 있는가? 마음의 청결은 우리의 의지만으로, 저절로 이루어지는 것이 아니다. 내가 결심하고 성령님께 도와달라고 간절히 기도해야 한다.

"하나님 아버지, 내가 한번 바로 믿어보고 싶습니다. 하나님, 내가 주님의 음성을 듣고 싶습니다. 하나님, 저도 성경을 읽으면 그 말씀이 깨달아지는 사람이 되고 싶습니다. 하나님, 저도 설교를 들으면 그 말씀이 이해가 되고 믿어지는 사람이 되고 싶습니다. 하나님, 내가 영화나 드라마를 보면서도 그 속에서 들려지는 주님의 음성을 듣고 싶습니다. 자연의 변화를 보면서 하나님의 음성을 듣고 싶습니다."

하나님의 음성이 없는 게 아니다. 내 마음이 청결하지 않으니까 들리지 않는 것이다. 오늘도 수도 없이 많은 하나님의 음성이 있지만 대부분의 사람들 귀에는 그 음성이 들리지 않는다. 오직 마음이 청결한 자만이 하나님을 뵈올 것이다. 그 말씀이 깨달아지고 우리의 경험을 통해서 하나님의 말씀이 알아질 것이다. 다른 방법이 있는 것이 아니다.

"의로운가, 경건한가, 마음이 청결한가!"

나도 늘 청결하게 사는 것은 아니다. 그러나 늘 청결하게 살고자 하는 마음은 있다. 성경을 읽어도 그 말씀이 내게 살아오지 않을 때마다 주님의 그 말씀을 늘 묵상한다. "마음이 청결한 자는 복이 있나니 그들이 하나님을 볼 것임이요." 그러면 '아하! 더러운 게 많아서 하나님께 집중하지 못하고 말씀을 읽어도 들어도 깨달음도 회개도 변화도 없는 것이구나!' 하는 깨달음을 얻는다.

섞이면, 양다리 걸치면 어렵다. 때로는 결심도 필요하다. 단호하게 결단도 해야 한다. "내 청결하게 살아보리라!" 이 땅의 모든 그리스도인들이 마음이 청결한 자가 되어서 하나님의 뜻을 발견하고 구별하고 그대로 살아감으로써 천국의 상급을 쌓아가는 믿음의 사람들이 되길 기도한다.

Heavenly Blessings
in Your Life

일곱 번째 복

하나님의 아들이 되는 사람들

Heavenly Blessings in Your Life

화평하게 하는 자는 복이 있나니
그들이 하나님의 아들이라 일컬음을 받을 것임이요
마태복음 5:9

하나님의 아들이 되는 사람들

하나님의 아들, 예수님

'하나님의 아들'이라는 말은 창세기부터 요한계시록까지 고르게 나와 있는 성경의 아주 중요한 단어 가운데 하나다. 총 55번이 나오는데, 비슷한 말로 '이스라엘 백성' 혹은 '이스라엘 족속'이라는 단어도 있다. 반대의 개념으로는 '사람의 딸' 혹은 '이방 민족'이라는 단어가 있다.

아들 또는 자녀라는 말은 여러 가지 의미가 있는데 그 개념 가운데 중요한 것이 상속권이다. 자녀들에게는 상속권이 있다. 상속권뿐만 아니라 보호받을 권리, 요구할 권리도 있다. 내가 한 것이 아무것도 없어도 자녀라는 이유만으로 물려받을 수 있고, 요구할 수 있고, 보호받을 수 있는 것이다. 아버지가 능력이 많으면 많은 것을 물려받게 되고, 철저하게 보호받을 수 있다. 그리고 우리의 아버지되시는 하나님께서는 능력이 많으시다. 온 우주와 만물을 지으신 분 아닌가!

예전에 비행기를 타서 저 아래 산들을 내려다보니, 얼마나 높은 산인지 따뜻한 봄이 왔는데도 여전히 흰 눈으로 덮여 있었다. 생태계라는 것이 참 기가 막힌 현상이란 생각이 들었다. 봄이 되면 눈이 녹고 꽃이 핀다. 저 높은 고산지대는 눈이 좀 늦게 녹기도 하고 만년설로 뒤덮인 곳도 있다. 새가 날아다니고, 바다가 있다. 밀물이 아무리 밀려와도 더 이상 밀려오지 않는 어떤 선이 있다. 썰물이 되어 쫙 물이 빠져도 한정 없이 물러가지 않고 이 또한 어느 정도의 선이 있다. 밀물과 썰물의 중간의 넓은 해변에서는 많은 생물들이 자란다. 아무리 추워도 지역에 따라 어느 정도의 한도가 있고 아무리 더워도 지역에 따라 어느 정도의 한도가 있다. 그 이상도 안 올라가고 그 이하로도 안 내려간다. 그래서 전혀 예상치 못한 무지막지한 추위나 더위가 우리를 괴롭히지 못한다.

문득 이런 생각이 들 때가 있다. 이 모든 것이 우주 폭발로 한순간에 생겨날 수 있을까? 당신은 어떻게 생각하는가? 나무가, 풀이, 사계절이, 새가, 꽃이, 사람이, 강과 바다가, 짐승과 어류가 우주 폭발에 의해서 우연히 생겨날 수 있었을까? 그것도 이렇게 질서정연하게 말이다. 토해 놓은 음식이 질서정연하게 다시 나열될 수 있을까?

빅뱅 이론을 신봉하는 사람들을 이해하기가 어렵다. 책 속에 나와 있는 이야기들이 사실이 아닌 경우가 얼마나 많은데! 진화론을 믿는 사람도 이해가

차이나는 복의 클래스

되지 않는다. 원숭이가 사람이 되었다면, 그 원숭이는 도대체 어디서 온 걸까?

모든 것에는 제1의 원인자가 있다. 첫 시작을 만든 존재, 스스로 계신 분이 있어야 설명이 된다. '내가 여기에 있다'는 것은 '누군가가 나보다 앞서 있어야 한다'는 말이다. 그리고 그 누군가는 또 누군가에 의해서 만들어졌다. 그렇게 쭉 올라가다 보면, 처음에는 만들어지지 않은 누군가가 있어야 한다. 그분을 성경은 하나님이라고 말한다. "스스로 있는 분!"

출애굽기 3장 14절 전반부에서 하나님은 이렇게 말씀하셨다.

나는 스스로 있는 자이니라

성경은 창조를 이야기한다. 하나님께서 정성들여서 생기를 불어넣고 온 우주와 만물을 만들었다고 강조한다. 이 세상을 만드신 분이 하나님! 천국과 지옥을 다스리시는 분도 하나님! 내 모든 삶의 환경을 지배하시는 분도 하나님! 내 삶의 모든 것을 보고 알고 듣고 계시는 분도 하나님이라고 말한다. 또한 성경은 우리들에게 이 엄청난 능력자 하나님께서 우리들을 사랑하심을 강조한다.

여호와께서 오직 네 조상들을 기뻐하시고 그들을 사랑하사 신명기 10:15

여인이 어찌 그 젖 먹는 자식을 잊겠으며 자기 태에서 난 아들을 긍휼히 여기지 않겠느냐 그들은 혹시 잊을지라도 나는 너를 잊지 아니할 것이라 내가 너를 내 손바닥에 새겼고 너의 성벽이 항상 내 앞에 있나니 이사야 49:15~16

그런데 이렇게 사랑받는 인간들이 교만해져서는 하나님이 우리를 사랑하심을 약점 삼아 죄를 짓기 시작한다. 하나님을 내 마음대로 조종하려고 한다. 결국 죄를 제공해주는 마귀의 유혹을 못 이긴 우리들은 영적인 이스라엘 족속이자 하나님의 자녀이지만 스스로의 권리를 포기하고 이방 족속, 사람의 아들로 살게 된다. 자살, 불행, 혼돈, 양극화, 욕심, 분노, 저주, 개인주의 같은 것들이 우리 삶을 채우게 된다. 지옥을 향하여 가는 사람들! 이 땅이 다인 줄 알고 하나님의 유업을, 하나님의 상속을 거절한 사람들이 되어간다.

그러나 사랑하는 자녀들이 떠나감을 속상해하시는 하나님께서는 죄 많은 자녀들을 다시 불러들이신다. 세상 재미와 돈 버는 것, 돈 모으는 것, 쉬는 것, 편한 것, 재미있는 것, 맛있는 것 등에 빠져서 돌아오지 않는 그들을 위해서 하나님께서는 아들 예수님을 이 땅에 보내주셨다.

하나님이 세상을 이처럼 사랑하사 독생자를 주셨으니 이는 그를 믿는 자마다 멸망하지 않고 영생을 얻게 하려 하심이라 하나님이 그 아들을 세상에 보내신 것은 세상을 심판하려 하심이 아니요 그로 말미암아 세상이 구원을 받게 하려 하심이라 그를 믿는 자는 심판을 받지 아니하는 것이요 믿지 아니하는 자는 하나님의 독생자의 이름을 믿지 아니하므로 벌써 심판을 받은 것이니라 요한복음 3:16~18

차이나는 복의 클래스

예수님께서는 지옥에 가야 마땅하고 불행하게 살아갈 우리들을 천국으로, 행복으로 인도하시기 위해 이 땅에 오신 하나님의 아들이시다. 그래서 예수님을 내 마음속에 모셔 들여서 내 주인으로 모시고 살면 그때 하나님께서는 다시금 하나님의 자녀가 되는 특권을 주시고 상속해주시며 보호해주시고 간구를 들어주신다고 약속하셨다.

영접하는 자 곧 그 이름을 믿는 자들에게는 하나님의 자녀가 되는 권세를 주셨으니 요한복음 1:12

하나님의 자녀, 하나님의 아들, 이스라엘 족속이 되는 방법은 간단하다. 예수님께서 하나님의 아들이심을 믿고 그분을 내 마음속에 주인으로 모셔 드리면 된다. 내가 사는 것이 아니라 예수님의 뜻대로 살아가는 사람들! 세상을 닮아가는 것이 아니라 하나님의 아들이신 예수님을 닮아가는 사람들! 그 사람들이 하나님의 자녀다.

네가 만일 하나님의 아들이어든!

그런데 여기서 아주 작은 문제가 하나 있다. 말로는 믿는다고 하면서, 진짜로 안 믿는 사람들이 있는 것이다. 하나님의 자녀가 되면 그분을 사랑하고 순종하게 되는데, 불순종하면서 하나님을 이용하려고만 하는 사람들이 있다.

아들이라고 해서 다 같은 아들이 아니다. 자녀라고 해서 다 같은 자녀가 아니다.

아브라함에게는 이삭도 아들이고 이스마엘도 아들이었다. 그두라가 낳은 여섯 아들도 아브라함의 아들들이었다. 그러나 같은 아들이 아니었다. 상속자가 된 사람은 오직 이삭 한 사람뿐이었다. 이삭에게도 야곱이라는 아들도 에서라는 아들도 있었지만 그 두 사람 모두 상속자가 된 것은 아니다. 하나님께서 약속하신 땅을 기업으로 받은 사람은 야곱 한 사람뿐이었다.

마찬가지로 오늘날 교회에 다니는 사람들이 다 하나님의 자녀는 아니다. 다 상속자도 아니고 다 기도 응답을 받는 것도 아니며 다 주님의 보호하심, 예비하심, 축복을 누리는 것도 아니다. 하나님의 아들은 따로 있다. 그럼 누가 하나님께서 인정해주시는 하나님의 아들인가?

마태복음 3장 마지막 부분을 보면 예수님께서 세례 요한에게 세례를 받으시는 장면이 나오는데, 그 장면의 클라이맥스는 하늘에서부터 들려오는 음성이다.

예수님께서 북쪽 지방 갈릴리에서부터 남쪽 지방 요단 강가에 이르러 요한에게 세례를 받으셨다. 그런데 예수님께서 세례를 받으시고 물에서 올라오실 때 하늘이 열리고 하나님의 성령이 비둘기 같이 그분 위에 내려 임하셨다. 아주 자연스럽게, 아주 천천히 성령의 임재가 예수님께 있었다. 그와 거의 동시에 하늘에서부터 소리가 들렸다.

이는 내 사랑하는 아들이요 내 기뻐하는 자라 마태복음 3:17

차이나는 복의 클래스

그렇게 예수님께서는 요셉과 마리아의 아들, 사람의 아들이 아닌 하나님의 아들로서 출발하셨다. 사람의 아들로 살 때는 육신의 정욕과 안목의 정욕과 이생의 자랑에 지배를 받을 수밖에 없었고, 육체의 한계에 부닥칠 때도 참 많이 있었다. 나아가 신분을 숨기고 사람의 아들로 살 때에는 무시도 당하고, 자존심 상할 일도 많았다.

그러나 이제 세례를 받고 하나님의 아들로서의 신적 사역을 시작하신 것이다. 예수님은 하나님의 사랑, 이웃 사랑의 큰 대업을 몸으로 보여주시기 위해서 30년을 몸담아 사셨던 갈릴리를 떠나셨다. 그리고는 유대 광야에 들어가서 40일을 금식하셨다. 그런데 금식이 끝나갈 즈음 시험하는 자 마귀가 40일을 금식하며 기도하신 예수님 앞에 나타나서 이야기한다.

"네가 만일 하나님의 아들이어든 명하여 이 돌들이 떡덩이가 되게 하라."

마귀는 묻고 있다. '너 하나님의 아들이냐, 사람의 아들이냐?' 만약 하나님의 아들이면 돌들을 떡덩이로 만들어 보란 이야기다. 그런 신적 능력을 자기에게 보이라는 것이다. 물론 예수님께서는 당연히 그 이상의 능력이 있으셨지만 끝내 마귀의 요구에 응하지 않으셨다. 오히려 사람이 떡으로만 사는 것이 아니고 하나님의 입에서 나오는 말씀으로 살아야 함을 강조하셨다.

이즈음에서 자연스럽게 나오는 질문이 있다. '하나님의 아들은 어떻게 사는 것인가?'의 문제다. 하나님의 아들은 떡을 위하여 살지 않고 하나님의 말씀에 의지하며 사는 사람이다. 먹는 문제보다 신앙의 양심을 지키는 것이 더 중요한 사람이고, 육체의 정욕을 위하여 사는 것보다는 하나님의 뜻대로 사는 것을 더 좋아하는 사람이다.

마귀는 오늘도 우리들에게 묻고 있다. "너, 하나님의 아들 맞아?" 그러면서 이렇게 이야기한다. "네가 하나님의 아들이라면 당연히 말씀대로 살아야 하지만 넌 그렇게 못 살잖아! 육체의 정욕에 이끌려 살고, 돈이 제일인 줄 알며 살고, 양심을 속이면서도 세상 풍조를 따라가잖아. 그러니 너는 하나님의 아들이 아니야!"

지난주에 삼성증권에서 일어난 공매도(말 그대로 '없는 것을 판다'라는 뜻으로 주식이나 채권을 가지고 있지 않은 상태에서 매도주문을 내는 것) 사건을 보면서 참 마음이 서글펐다. 그런 제도가 있다는 것도 의아했지만, 내 통장에 들어왔다고 해서 내 돈이 아닌 돈을 마치 내 것인 양 마음대로 써버리는 사람들이 있다는 것이 참으로 안타까웠다.

당신은 어떻게 했겠는가? 만약 내 통장에 나도 모르는 돈 100만원, 1000만원, 1억, 혹은 10억, 100억이 들어와 있다면 어찌하겠는가? 나는 망설이지 않고 경찰에 신고할 것이다. 내 것이 아닌데 그것을 어떻게 쓰겠는가. 내가 땀 흘려 번 것이 아닌데 왜 그것을 내가 가지는가. 내 통장에 들어왔다고 해서 내 것이 아니다. 다른 사람이 실수로 내 통장에 송금한 돈이라면 당연히 아무 조건 없이 돌려줘야 한다. 그게 하나님의 아들이다. 육체의 정욕대로 살지 않고 신앙의 양심에 따라, 하나님의 말씀에 따라 사는 사람들!

그런데 마귀는 늘 이렇게 이야기한다. "꼭 그렇게 살아야 되니? 너도 돈이 필요하잖아. 어쩌면 이게 하나님께서 너에게 주시는 귀한 기회일수도 있어. 그러니 그냥 네가 써!" 마귀는 늘 하나님의 이름을 들먹이지만 그것은 여호와의 이름을 망령되이 일컫는 일일 뿐이다. 하나님께서는 내가 아무런 노력도

차이나는 복의 클래스

하지 않았는데 하늘에서 수억 원을 통장에 넣어주시는 분이 아니다. 혹 그런 일이 당신에게 있다면 그것은 100% 마귀가 주는 올가미임을 알아야 한다.

덫인 줄 뻔히 아는데 내가 왜 그것을 쓰겠는가! 내가 번 것도 아닌데 내 통장에 잘못 들어온 돈을 내 것인 양 팔아서 쓰려고 했던 사람이 모두 22명이었다. 아쉽게도 단 한 사람도 경찰이나 회사에 신고한 사람이 없었다. 이게 지금 이 나라 대한민국의 양심이고 현주소다. 그 22명 중에 예수를 믿는 사람이 없었을까? 집사님이나 권사님이 계셨을지도 모르겠다. 그런데도 왜 돈 앞에서 정직하지 못했을까? 적어도 그들은 하나님의 식구로 일컬음 받을 것을 원하지 않았다. 차라리 공돈을 차지할지언정 하나님의 아들이라는 칭호를 얻으려 하지 않은 것이다. 마귀는 오늘도 우리들에게 이야기하고 있다.

"네가 만일 하나님의 아들이어든, 신앙의 양심을 속이면서라도 육체의 정욕을 위해 살아가!"

그때 참 하나님의 아들들은 이렇게 말할 수 있어야 한다.

"아니!! 난 육체의 정욕이나 내 배부름이 아니라 하나님의 말씀 따라, 신앙의 양심을 따라 살 거야!"

만약 22명의 직원들 중에 단 한 사람이라도 정직하게 하나님 앞에서 바른 판단을 하고 말씀대로 행동했다면 우리는 그 사람을 하나님의 아들이라고 칭찬했을 것이다. 회사는 회사대로 어려워졌고, 사회는 사회대로 불신과 혼란이 가중되었다. 애사심, 애국심, 애교심, 교회를 사랑하는 마음은 이제 점점 사라지고 나 하나만을 생각하는 사회로 되어가고 있음이 증명된, 회사는 무너져도 나만 살면 된다는 사람들이 직원이었음이 증명된 사건이었다.

교회도 마찬가지다. 과거의 신앙인들은 자신이 교회의 벽돌 한 장이라고 생각했다. 내가 벽돌 한 장, 너도 벽돌 한 장! 이렇게 너와 나 그리고 우리들이 교회라는 건물이 되는 것이라고 생각했다. 이 교회는 누구의 것도 아닌 하나님의 소유이고 예수님의 몸이기에 너무나 소중해서 너와 나의 헌신을 통해서 명맥이 유지되는 것이라고 생각했다. 그래서 내가 소중한 만큼 너도 소중하고 교회도 소중한 것이라서 우리들이 힘을 합쳐서 이 교회를 세우고 만들고 지켜 나가는 것이라고 생각했다.

그런데 언제부터인가 이 같은 헌신이 사라져가기 시작했다. 참으로 안타깝다. 교회를 사랑하는 마음이 일부 사람들에게만 남아 있는 슬픈 현실이 오늘날 한국 교회의 모습이다. 교회와 나를 따로 생각한다. 그게 아닌데… 내가 그리고 또 다른 내가, 그렇게 모든 '나'들이 모여서 교회를 만들어 가는 것인데 무임승차를 하려는 사람들이 늘어난 것이다.

삼성증권의 사원들에게 만약 1%의 애사심이라도 있었다면 그렇게 했을까? 철저한 개인주의 사회가 되어버렸다. 회사는 무너져도 나만 잘 살면 되고, 나라는 무너져도 나만 잘 살면 되고, 미래가 흐려져도 오늘만 잘 살면 되는 사회! 과거 우리의 조상들은 자신은 굶어도 자녀들이 먹을 것은 남겨두었는데, 이제는 여기서 내가 다 먹고 쓰고 자녀들은 알아서 살아가라는 식이 되어버렸다. 참으로 답답한 현실이 아닐 수 없다.

"네가 만일 하나님의 아들이어든!"

유혹은 달콤한 것이다. 그렇지만 그 결과는 참혹하다. 술 먹고 노는 것? 좋은 것이다. 기분도 좋아지고 활기를 얻을 수 있지 않은가. 그러나 음주운전의 결과는 얼마나 참혹한가? 지난주에 50대 남자가 음주운전을 하다가 본인은 죽고 상대편 운전자는 장애인이 되는 사건이 있었다. 좋은 것이지만 유혹은 결과를 예측할 수 없음을 알아야 한다.

그리스도인이라면 이 질문 앞에 늘 나를 세워야 한다.

"나는 오늘 하나님의 아들로 살았는가?"

이뿐만이 아니다. 마귀는 계속해서 이야기한다.

"네가 만일 하나님의 아들이어든 성전 높은 곳에서 뛰어내리라! 그래서 인기를 얻고 박수를 받고 인정을 받아라!"

마귀는 사람들의 인정에 목말라하며 살라고 하지만 예수님께서는 이렇게 말씀하신다.

"네 하나님을 시험하지 말라!"

안목의 정욕에 빠져 살아가라는 마귀의 유혹에 예수님께서는 안 된다고 말씀하시며 자신은 하나님의 아들이기에 사람들의 인정이나 화려한 인생보다는 하나님의 뜻에 맞는 하나님 사랑, 이웃 사랑의 삶을 살겠다고 선택하신다. 여기에 그리스도인의 길이 있다.

화평하게 하는 사람들

누가 하나님의 아들인가? 하나님을 사랑하고 이웃을 사랑하기 위해서 내 육신의 정욕과 안목의 정욕과 이생의 자랑을 패대기쳐버린 사람들이다. 그들이 응답을 받는 사람들이고 하나님 나라의 상속자들이며 천군 천사의 보호하심과 인도하심을 받는 참 하나님의 아들이다. 행동으로 증명되지 않는 믿음과 고백은 가짜다.

이런 맥락에서 예수님께서는 마태복음 5장 9절을 말씀하신다.

> 화평하게 하는 자는 복이 있나니 그들이 하나님의 아들이라 일컬음을 받을 것임이요

누가 하나님의 아들인가? 누가 하나님의 자녀인가? 손해가 나더라도, 힘이 들더라도 하나님을 사랑하고 교회를 사랑하고 이웃을 사랑하기 때문에 그 힘듦과 손해 봄을 기꺼이 감당할 수 있는 사람들! 그들에게 천국의 상속권이, 기도 응답의 축복이, 천군 천사의 보호하심이 있음을 주님은 분명하게 말씀하신다.

아무나 하나님의 자녀가 되는 것이 아니다. 예수님을 내 주인으로 영접하고 내 인생의 방향을 바꾼 자들이어야 한다. 하나님 사랑과 이웃 사랑이라는 큰 사명을 위해서 개인주의와 이기주의, 내 육신의 정욕과 안목의 정욕과 이생의 자랑을 과감하게 패대기친 사람들! 그래서 다른 사람들의 분쟁 속에 들어가서 그들이 화해할 수 있도록 손해 보고 억울한 일을 당해도 마침내 하나 되게 하여 하나님의 가족으로 살도록 애쓰는 사람들! 거기에 하나님의 자녀 됨이 있다.

하나님과 사람들 사이가 멀어질 때 그 사이에 들어가 사람들의 손을 이끌

고 하나님께로 인도하는 사람들! 신앙생활에 회의가 들고 좌절하여 움츠러들 때 찾아가서 시간과 돈을 들여 밥도 사주고 차도 마시며 그들의 이야기를 들어줌으로써 결국 그들을 하나님께로 돌아오게 하는 사람들! 거기에 하나님의 자녀됨이 있다.

야곱의 넷째 아들 유다는 두 가지 큰 공이 있었다. 첫째는 요셉과 형들 사이의 갈등 속에서 죽음을 앞에 둔 요셉을 살려낸 것이다. 형들은 배다른 동생 요셉을 미워했고 요셉을 죽이기 위해서 큰 구덩이에 던져버렸다. 이제 배고픈 맹수의 밥이 되든지, 그 속에서 굶어 죽든지 요셉의 목숨은 그것으로 끝이었다. 그때 유다는 형들을 설득하기 시작한다.

유다가 자기 형제에게 이르되 우리가 우리 동생을 죽이고 그의 피를 덮어둔들 무엇이 유익할까 자 그를 이스마엘 사람들에게 팔고 그에게 우리 손을 대지 말자 그는 우리의 동생이요 우리의 혈육이니라 하매 그의 형제들이 청종하였더라 창세기 37:26~27

유다는 형들과 죽을 고비에 있는 요셉 사이를 중재함으로써 요셉을 살려낸다.

유다의 두 번째 공은 애굽의 총리와 형제들 사이의 오해로 동생 베냐민과 아버지 야곱이 모두 죽게 되었을 때 그 둘 사이의 오해를 풀어내고 동생 베냐민은 물론 아버지 야곱과 형제들을 모두 살려낸 것이다.

애굽의 총리가 야곱의 아들들을 정탐꾼으로 몰아 죽이려고 했다. 급기야

막내아들인 베냐민 한 명이라도 죽이려고 했다. 만약 베냐민이 죽는다면 그를 사랑하는 아버지 야곱의 죽음도 당연한 듯 받아들여야 하는 절박한 상황이 되었다. 그때 유다는 애굽 총리 앞으로 나아간다. 그러고는 엄정하고 공의롭게 일을 처리하기로 소문난 애굽 총리에게 감히 건의한다.

유다는 "내 아버지가 제일 사랑하는 아들이 바로 이 막내아들 베냐민이고, 이 베냐민의 죽음은 곧 아버지의 죽음으로 이어질 수 있으니 차라리 나를 죽이십시오!"라고 말하며 자신의 목숨을 담보한다.

아버지와 막냇동생을 살려내기 위해 자신의 목숨을 포기하는 유다! 그 유다의 중재와 헌신 앞에 애굽 총리 요셉은 자신의 신분을 드러내고 형들과의 화해를 시작한다. 전쟁과 다툼이 끝나고 화해와 평화의 관계를 시작하게 된 것이다. 그러나 이 엄청난 관계 개선의 일등 공신이 유다임을 아는 사람은 많지 않다.

> 이제 주의 종으로 그 아이를 대신하여 머물러 있어 내 주의 종이 되게 하시고 그 아이는 그의 형제들과 함께 올려 보내소서 그 아이가 나와 함께 가지 아니하면 내가 어찌 내 아버지에게로 올라갈 수 있으리이까 두렵건대 재해가 내 아버지에게 미침을 보리이다 창세기 44:33~34

이처럼 자신의 목숨을 포기하면서까지 아버지 야곱과 막냇동생 베냐민을 살려내려고 한 유다의 모습을 본 요셉은 음식을 차려놓고 형제들과 함께 먹으며 지난날을 이야기하면서 오해를 푼다. 한 하나님의 자녀요 한 아버지의

차이나는 복의 클래스

자녀임을 강조하며 그들 모두를 책임져준다.

문득 예수님의 말씀이 생각난다. "화평하게 하는 자는 복이 있나니 그들이 하나님의 아들이라 일컬음을 받을 것임이요!"

창세기 49장에 보면 늙어 죽어가는 야곱이 아들 12명을 세워놓고 축복하는 장면이 나온다. 축복할 사람을 축복하고 저주할 사람을 저주하는 자리였다. 그날 야곱은 알고 있었다. 그동안 한마디도 하지 않았지만 형제들 중에 제일 하나님의 자녀답게 살아온 사람 그리고 앞으로도 그렇게 살아갈 사람이 유다임을 말이다.

그래서 야곱은 다른 아들들과 다른 차원으로 유다를 축복한다. 그날 야곱은 아들들의 머리에 손을 얹어 일일이 안수기도를 했는데, 그 내용이 다 다르고 기도의 양과 깊이가 달랐다. 르우벤에게는 77글자의 축복과 저주를 쏟아냈다. 시므온과 레위는 함께 146글자의 기도를 해주었다. 그런데 넷째 아들 유다에게는 무려 242글자의 축복 기도만을 쏟아놓는다. 스불론에게는 32글자, 잇사갈에게는 65글자, 단에게는 57글자, 갓에게는 23글자, 아셀에게는 29글자, 납달리에게는 23글자였다. 요셉조차 239글자였고 베냐민은 35글자의 기도였는데 말이다. 특히 아버지 야곱은 유다에게 형제들의 찬송이 될 것이고 형제들의 지도자가 될 것임을 예언하며 축복했고, 결국 야곱의 기도대로 이루어졌다.

유다는 형제들 사이의 갈등을 해결하기 위해 손해 보는 것을 감수했던 사람이었다. 형과 동생을 살리고 형제들의 목숨과 재산을 지키려고 자신의 목숨마저 포기하려던 사람이었다. 그런 유다를 하나님께서는 보고 계셨고 아름다운 축복으로 그의 삶을 장식해주셨다. 하나님의 아들이 되었을 뿐만 아니라 그를 통해 다윗과 예수님이 오시게 된 것이다. 그의 이름은 마태복음에 나오는 예수님의 족보에 11명의 경쟁자를 뚫고 당당하게 기록되어 있다.

민수기 16장을 보면 화평하게 하기 위해 목숨을 걸었던 제사장 아론의 이야기가 나온다. 이스라엘 사람들이 광야에서 고생하며 살 때 고라, 다단, 아비람과 같은 사람들이 백성들을 선동하기 시작했다. 모세가 나쁘다고, 하나님이 나쁘다고 말하며 250명의 지도자급에 있는 사람들을 선동해 데모를 일으킨다. "모세는 물러가라!", "하나님이 계시다면 당장 나타나서 우리들을 편하게 만들어 달라!"라고 시위했다. 모세도 힘든데, 힘든 모세를 더 지치게 하는 나쁜 사람들이 무리를 지어서 악을 자행한 것이다.

하나님께서는 가만히 보시다가 그들을 벌하시기 시작하셨다. 이미 평화는 깨져버렸다. 사람들과 하나님 사이의 평화, 모세와 백성들 사이의 평화가 깨져버린 것이다!

진노하신 하나님께서는 지진을 일으키셨다. 갑자기 땅이 갈라지면서 사람들과 그들의 재물이 땅속으로 빨려 들어갔다. 사람들은 도망치기 시작했고 갑자기 전염병이 돌았다. 얼마 되지 않은 시간에 만 사천칠백 명이 죽었다. 전염병은 이스라엘 족속의 거의 모든 진영으로까지 퍼져가고 있었다.

그때 모세는 아론에게 이야기한다. 제사장인 당신이 나가서 저 전염병을 멈추라고! 모세의 말을 들은 아론은 큰 용기를 내어 하나님께 용서의 제사를 드리기 위해 화로를 준비한다. 그리고 전염병이 창궐하는 부족들이 사는 곳으로 돌진해 들어간다. 아론은 죽을 각오로 그 뜨거운 화로를 든 채 달려갔다. 산 자들을 뚫고 죽은 자를 향하여 들어간 것이다. 그래서 아론이 산 자와 죽은 자 사이에 섰을 때, 하나님께서는 아론의 헌신과 희생과 사랑의 마음을 보시고 전염병을 거두신다.

아론이 아니었다면 그날 만 사천칠백 명이 아니라 십사만 칠천 명이 죽었을 수도 있었다. 하나님과 사람 사이를 화평하게 하기 위해, 사람과 사람 사이를 화평하게 하기 위해서 아론은 그날 목숨을 걸고 뛰어다녔고 그의 땀과 열정에 감동하신 하나님께서는 용서와 함께 긍휼을 베풀어주셨다. 이 같은 자가 화평하게 하는 사람이다. 나 하나 죽더라도 많은 사람들을 살리고 싶은 사랑의 마음을 지닌 사람들!

예수님은 누구신가? 그분은 화목 제물, 평화의 아들이시다. 하나님과 나 사이의 갈등과 멀리함을 이어주시려고 자신의 목숨을 포기하신 분이다. 그분의 죽으심으로 우리는 평화를 누리고 있다. 죄 값으로 벌써 죽었어야 할 우리들이 그분의 죽으심 덕분에 아직 살아 있고, 천국에 대한 소망도 간직하고 있는 것이다. 그래서 성경은 예수님을 화목 제물로 표현한다.

관계가 깨어졌을 때 그 관계의 이어짐을 위해서 드리는 화목 제물! 아무런 죄 없이 목숨을 잃음으로써 누군가와 누군가를 연결하는 화목 제물!

화평하게 하려면 많은 손해가 있다. 힘듦이 있다. 그러나 그런 그를 통해 하나님의 구원 사역은 이어지고 있고, 그런 사람들을 우리는 참 하나님의 자녀라고 부른다.

십자군 전쟁 시에 수많은 아이들이 고아가 되었고, 여자들은 과부가 되었다. 노인들은 외로웠고 남자들은 시체로 변했다. 이 와중에 프란시스가 나서서 이렇게 기도한다.

"주여, 나를 평화의 도구로 써주소서. 미움이 있는 곳에 사랑을, 상처가 있는 곳에 용서를, 분열이 있는 곳에 일치를, 의혹이 있는 곳에 믿음을 심게 하소서. 위로받기보다는 위로하며, 이해받기보다는 이해하며, 사랑받기보다는 사랑하며 자기를 온전히 내어줌으로써 영생을 얻기 때문이니."

그의 '화평케 하는 자의 사명'을 통해서 많은 이들이 하나님과의 관계를 회복하고 이웃과의 관계를 회복했다. 우리는 그를 성 프란시스라고 부른다. 하나님의 아들 성자 프란시스!

한번은 어떤 권사님이 갑자기 자기 집에 식사하러 오라며 연락이 왔다. 집에 가보니 친하게 지내다가 싸운 후에 그동안 서먹서먹하게 지내던 두 집사님과 그 남편들이 와 있었다. 옥상에서 고기를 삶아서 다 같이 맛있게 먹었다. 집으로 초대한 권사님의 이야기를 들어보니, 두 사람을 화해시키느라 시장에서 고기를 사다 삶고 남편들도 같이 오라고 해서 함께 식사했다고 한다. 이 권사님이 바로 화평하게 하는 사람이다.

예수님께서는 하나님과 나 사이를 연결시켜주시기 위해 십자가를 지셨다. 화평하게 하는 자가 어려운 것은 내 밑천을 드려야 하기 때문이다. 내 시간, 내 물질, 내 정성과 마음이 들어가야 하고, 내 기도가 들어가야 화평하게 하는 자의 삶을 살 수 있는 것이다. 그러한 사람이 될 때 우리는 진정한 하나님의 아들, 하나님의 딸이 될 수 있다.

싸움이 없는 교회나 사회는 없다. '마귀'는 헬라어로 '디아블로스'다. 이는 '중상 모략자', '비방자'란 뜻으로, 마귀는 갈라지게 하는 자다. 틈을 비집고 들

차이나는 복의 클래스

어가서 갈라지게 하는 자! 당신이 누군가와 틈이 벌어져 있다면, 마귀가 끼어들었음을 알아야 한다. 예수님께서는 우리를 하나 되게 하시는 분이시다. 하나님의 자녀들인 우리들도 하나 되게 하는 사람들이어야 한다. 이간질시키는 사람들은 하나님의 자녀가 아니다. 그분의 상속자가 될 수 없다. 허물을 덮어주고 말씀과 기도로 하나 되게 하는 곳에 교회의 미래가 있다.

천국을 바라보는 사람들

Heavenly Blessings in Your Life

의를 위하여 박해를 받는 자는 복이 있나니
천국이 그들의 것임이라
마태복음 5:10

천국을 바라보는 사람들

천국은 있다

나의 어머니는 대장암을 시작으로 암 투병을 하시다가 13년 전에 돌아가셨다. 돌아가시기 전에 우리 가족과 함께 사셨는데, 아침이면 어머니가 계신 방문을 열고 들어가서 인사를 여쭈었다. 곡기가 끊어지고 거의 아무것도 드시지 못할 때, 밥그릇에 미음을 묽게 끓여서 가지고 들어가면 그 밥그릇을 잡고 그렇게 간절히 기도하셨다. 나도 기도했다.

'하나님, 아버지. 오늘 이 식사가 어머니의 마지막 식사가 되지 않게 하시고 한 끼의 식사를 더 드릴 수 있도록 생명을 연장시켜주세요.'

어느 날 아침에 문을 똑똑 두드리고 들어갔더니 일어나지도 못했던 양반이 어떻게 일어나셨는지 침대에 앉으셔서는 간절히 기도를 하고 계셨다. 그래서 내가 물었다.

"엄마! 아파 죽겠다면서 이 판에 무슨 기도를 그렇게 간절하게 하세요?"

그랬더니 나를 보시고는 씩 웃으시면서 그러신다.

"목사란 놈이 엄마가 기도하는 것 가지고 또 시비 건다. 너 이사 가려고 하면 그 집에 가보고 싶지 않니?"

나는 대답했다. "가보고 싶지. 새 집으로 이사 가면 베란다는 어디 붙었나, 화장실은 어디에 있나 가보고 싶지."

그때 어머님이 말씀하셨다. "나도 이사 갈 거다."

"기운도 없으신데 나 떼놓고 혼자 어디로 이사 가시려고?"

"나 이제 천국으로 이사 갈 거다!"

어머니가 참 좋아하시던 성경구절 가운데 하나가 요한복음 14장이었다. 대강의 내용은 이런 것이다.

너희는 마음에 근심하지 말라. 하나님을 믿으니 또 나를 믿으라. 내가 너희를 위하여 처소를 예비하러 간다. 가서 너희를 위한 집 다 지어 놓으면 너희를 데리러 와서 그곳으로 인도해 줄 것이니 이 땅의 삶이 힘들고 어렵고 억울하고 화가 난다고 해도 잘 견디고 또 견디며 죄 짓지 말고 살아라. 악하게 굴지 말고 선으로 악을 갚으며 바로 살아라. 내가 집 다 지으면 너희를 데리러 올 거다.

어머님은 아무래도 당신의 병이 깊어지는 것을 보니 우리 예수님께서 당신을 위해 천국 집을 다 지으신 것 같다고 말씀하셨다. 이제 입주 통보가 온

차이나는 복의 클래스

것이니 망설임 없이 거기에 가서야 한다고 하셨다.

그래서 내가 물었다. "엄마, 천국 가봤어?"

"젊어서는 천국도 봤지. 그런데 중년이 되고, 노년이 되고 힘든 세상 병 가운데 살면서 많이 잊어버렸는데 이제 다시 이 세상 떠날 때가 다가옴을 알게 되니까 그 천국이 더 간절해지네. 그래서 날마다 혼자 기도하는 거야. '하나님, 나 천국 가면 어떤 집에서 살게 되나요? 제가 살 집 한 번만 보여주세요.'라고."

한 이틀인가 지나서 아침에 방문을 똑똑 두드리고 들어갔더니 침대에 누워 계시던 어머님이 나에게 손짓을 하셨다. 어서 와서 일으켜달라고. 그래서 일으켜드리니 환한 얼굴로 미소 지으시며 어젯밤에 우리 예수님이 하얀 옷을 입으시고 긴 지팡이를 들고 당신을 찾아오셨다고 한다.

"은희야, 은희야!" 부르시더니 "너 어느 집에서 살지 보고 싶으냐?" 하고 물으시기에, "네! 예수님, 저 천국 가면 어떤 집에서 살게 될지 보고 싶어요." 했더니 따라오라고 하셨단다.

그래서 내가 어머니께 예수님 따라서 천국에 다녀온 이야기를 해달라고 했다. 예수님을 따라가는데 길이 아주 논두렁만큼 좁아지더니 캄캄해지더란다. 무서움이 엄습해오는데 그래도 예수님을 놓치면 길 잃어버리니까 그 어둠 속으로 용기를 내서 확 뛰어들었는데 그 어둠은 영점 몇 초 사이에 싹 지나가고 갑자기 앞에서 환한 빛이 비춰오는데 그 빛이 얼마나 밝은지 눈을 뜰 수가 없더란다. 그래도 눈 감으면 예수님을 놓칠까 봐 그 빛 가운데로 예수님을 계속 따라갔는데 갑자기 저 앞에 황금색 문이 쫙 펼쳐져 있고 꽃이 피어 있는데 얼마나 아름다운지 모른다면서, "참 좋더라. 참 좋더라. 나는 이제 거기 갈 거다, 나는 이제 거기 갈 거야." 하시고는 며칠 뒤에 훌쩍 떠나버리셨다.

천국이 있다고 믿길 바란다. 신앙생활 바르게 하시다가 천국에 먼저 가서 우리를 기다리시는 믿음의 부모님과 선배님, 가족들을 만나게 되기를 주님의 이름으로 축원한다. 사람들이 안 믿고 몰라서 그렇지, 천국과 지옥은 분명이 있다.

어머니가 천국에 다녀오신 이야기를 친구 목사에게 했더니 그 친구가 사실은 자기도 그 경험을 했다고 한다. 원주에서 서울로 차를 운전하고 올라오다가 갑자기 사고가 나면서 정신을 잃게 되었는데 그 아주 짧은 순간 캄캄함과 큰 빛이 동시에 자신에게 임하더라는 것이다. 그 빛의 밝음이 얼마나 대단한지 눈을 뜰 수가 없더란다. 그리고 그 속에서 죽음이 임박하는데 하나님께서 다시 돌아가라고 말씀하셨다고 한다. 그 후로 그 친구는 그날의 경험을 가끔씩 떠올린다고 한다. 천국을 멀리서 바라본 그 죽음의 세계 너머의 경험! 천국을 놓치지 않는 믿음의 사람들이 되시기를 주님의 이름으로 축원한다.

그래서 그리스도인인 우리는 전해야 한다. 믿지 않는 이들에게, 의심하는 이들에게! 천국과 지옥은 분명히 있다고 우리는 전해야 한다. 실망한 이들에게, 절망하는 이들에게, 분노하는 이들에게, 용서하지도 못하고 사랑하지도 못하는 착한 척하며 살아가는 이들에게! 천국과 지옥은 분명히 있다고 전해야 한다.

차이나는 복의 클래스

천국에 들어가는 사람들

예수님께서 이 땅에 오셔서 우리들에게 전해주신 이야기의 처음과 끝은 모두 천국이었다. 요단 강가에서 첫 번째 하신 설교의 주제는 천국이었다.

회개하라 천국이 가까이 왔느니라 마태복음 4:17

사람들이 몰려들어 예수님께 병을 고쳐달라고, 귀신을 쫓아달라고, 말씀을 전해달라고 부탁할 때마다 예수님께서는 늘 천국 이야기를 하셨다. 그 유명한 팔복의 첫 번째 복도 천국이었다.

심령이 가난한 자는 복이 있나니 천국이 그들의 것임이요

팔복의 마지막 복도 천국이다.

의를 위하여 박해를 받는 자는 복이 있나니 천국이 그들의 것임이요

팔복이란 선물 세트는 첫 번째 선물도 천국, 마지막 선물도 천국이다. 예수님께서는 제자들이 실망하고 낙심할 때, 절망에 빠지려 하고 용기를 잃을 때 말씀하셨다. 이제 곧 너희가 천국에 가게 될 것이라고, 그러니 끝까지 최선을 다하라고! 예수님께서는 마지막 십자가에 달리셨을 때도 옆에 있던 강

도를 향해 천국을 이야기하셨다. "네가 눈을 감기 전에라도 회개하고 하나님의 나라에 가고 싶어 하는구나! 네가 오늘 나와 함께 낙원에 있으리라!"

♪ 마지막 운명 전에도 회개한 강도 보고

나와 함께 천국에 가리 나직이 말씀하셨네

_ 사랑 없다면 中

그토록 예수님께서는 천국을 강조하셨는데 우리들은 이 땅에서 잘 살 생각만 한다. 그러면 안 된다. 이 땅의 삶은 짧고 천국의 삶은 영원하다. 그러므로 여기보다 그곳을 위해 투자할 수 있는 믿음의 사람들이 되어야 한다.

그런데 천국은 아무나 가는 곳이 아니다. 천국은 돈으로 입장권을 살 수 있는 곳이 아니다. 권력의 힘으로 들어갈 수 있는 곳도 아니고, 판사들이 판결해서 보내는 곳도 아니다. 예쁘다고, 착하다고 가는 곳도 아니다.

♪ 돈으로도 못 가요 하나님 나라, 힘으로도 못 가요 하나님 나라

거듭나면 가는 나라 하나님 나라, 믿음으로 가는 나라 하나님 나라

벼슬로도 못 가요 하나님 나라, 지식으로 못 가요 하나님 나라

거듭나면 가는 나라 하나님 나라, 믿음으로 가는 나라 하나님 나라

어여뻐도 못 가요 하나님 나라, 맘 착해도 못 가요 하나님 나라

거듭나면 가는 나라 하나님 나라, 믿음으로 가는 나라 하나님 나라

_ 돈으로도 못 가요 中

차이나는 복의 클래스

성경에 보면 천국에 가는 방법이 여러 가지 있는 것 같지만 그렇지 않다. 통합해보면 단 한 가지다. '사랑으로 역사하는 믿음!'

그리스도 예수 안에서는 할례나 무할례나 효력이 없으되 사랑으로써 역사하는 믿음뿐이니라 갈라디아서 5:6

구원받고 천국에 가는 방법은 예수님께서 하나님의 아들이시며 그분만이 우리의 모든 죄를 다 용서해주신 분이심을 믿고 죄 용서를 받는 것이 첫 번째다. 죄를 고백하고 용서받는 것 그리고 용서받은 자답게 감사한 마음으로 용서해주신 예수님의 뜻대로 하나님을 사랑하고 이웃을 사랑하며 사는 것이다. 만약 믿음이 있노라 하고 사랑이 없다면 그 믿음은 가짜다. 또 사랑은 있는데 믿음이 없다면 그것은 인본주의일 뿐이다. 참 신앙은 사랑으로써 역사하는 믿음이다.

믿음은 사랑을 통하여 증명될 때만 효과를 나타낸다. 용서가 자연스러워야 한다. 용서받은 확신이 있는 사람들은 그 감격에 다른 사람들을 용서하기가 쉽다. 잊을 것을 잘 잊어버리는 것! 즉, 하나님께서 내 허물을 기억하지 않으시는 것처럼 나도 그의 허물을 기억하지 않는 것이다.

하나님이 내가 하나님께 대하여 못된 짓을 한 것도 다 잊으시고 용서하시며 품으시는 것처럼, 나도 상대방의 잘못으로 인한 상처나 억울함을 잘 잊어버렸다. 내 경험으로는 그랬다. 하나님께서 내 죄를 용서해주신다는 확신이 드니 나도 사람들이 용서되기 시작했다. 용서받지 못할 죄도 없고 용서하지 못할 죄도 없음을 깨달은 것이다. 과거의 것을 자꾸 끄집어내서 상기할 필요는 없지 않은가. 그 얼마나 불행한 일인가! 그 상처를 또 건드리고 또 건드리고…. 하나님께서 만약 우리들의 죄를 또 드러내고 또 드러내고 하시면 누가 얼굴 들고 살 수 있겠는가?

사랑받았음을 알기에, 용서받았음을 알기에 나도 적극적으로 사랑하고 용서하며 사는 것! 여기에 그리스도인의 길이 있음을 믿어야 한다. 그런데 그게 잘 안 된다. 그래서 늘 기도해야 한다. '성령님, 도와주세요! 성령님, 예수님을 닮아갈 수 있도록 도와주세요!'

의를 위하여 박해받는 자

앞서 우리는 '심령이 가난한 자'에 대해 공부하면서 배웠다. 3일 굶은 사람이 밥 생각밖에 안 나는 것처럼, 그렇게 예수님 사랑으로 예수님 생각으로 꽉 찬 사람들이 심령이 가난한 사람이라고 배웠다. 내 모든 관심이 예수님께만 집중되어 다른 것은 들어갈 틈이 없는 사람이 심령이 가난한 사람이다.

내 주님 없이는 못 살겠는 사람들! 아침부터 저녁까지 예수로 꽉 찬 사람들! 하나님의 말씀에 온전히 지배되어 사는 사람들! 비록 이 땅에서는 손해 보고 힘들고 억울한 일을 당하고 뒤쳐진다고 할지라도, 생업의 전쟁에서 지고 밀려난다 할지라도 신앙의 양심을 지키려는 사람들! 이러한 사람들이 바로 심령이 가난한 사람들이다.

차이나는 복의 클래스

'의를 위하여 박해를 받는 자'도 마찬가지다. 크게 다르지 않다. 여기서 '의'는 '하나님의 뜻'이다. 희랍어 원어에서 '의'는 정치적, 사회적, 인종 문제, 경제 문제의 원인에서 비롯된 것이 아니라 종교적인 것에서 비롯된 의를 말한다. 즉, 예수 그리스도의 말씀과 다르기 때문에 박해를 받게 되는 경우를 말하는 것이다.

내 모든 관심이 하나님께 있기에 나는 하나님의 뜻대로 살려고 하는데 그게 사회적 권력자들이나 주변 사람들에게 비난의 대상이 될 때, 당신은 어떻게 하는가? 그러할 때 그 뜻을 굽히지 않고 오직 하나님의 말씀을 따르느라고 손해 보고 죽기도 하는 것! 바로 그것을 '핍박을 받는다, 박해를 받는다'라고 표현한다. 내가 무지하고 못나서 밀려나는 것이 아니라, 하나님의 뜻 때문에 손해를 보고 숨어 다니고 피해자가 되는 것!

'받는다'는 말은 내가 선택했다는 말이다. 내가 선택해서 손해를 결정한 상태인 것이다. 어쩔 수 없는 상황이나 자신의 실수로 된 것이 아니라 본인 스스로 그것을 기꺼이 택한 것! 여기에 그리스도인의 길이 있고, 천국 가는 길이 있다.

천국은 아무나 갈 수 있는 곳이 아니다. 그 길은 좁고 그 문은 좁다. 주일날 교회에 왔다 갔다 한다고 해서 갈 수 있는 곳이 아니다. 이 땅에 사는 동안 하나님을 사랑하고 이웃을 사랑하기에 내가 담당해야 할 어떤 희생과 헌신을 감당해내고, 손해 보는 삶이 있을 때 가능하다고 주님은 이야기하신다. 의를 위하여 박해를 받는 자, 박해를 선택한 자, 손해를 선택한 자는 복이 있다는 말씀이다. 그들에게 주어지는 상급이 천국이기 때문이다.

구약에 보면 여호수아와 갈렙의 이야기가 나온다. 외로웠던 두 사람의 의인! 왕따를 당하고 비난을 받았던 두 사람의 의인! 하나님께서 약속하신 땅 가나안 입구에서 모세는 12명의 정탐꾼을 뽑았다. 그 12명은 이스라엘 200만 명 중에서 뽑고 뽑은 사람들이었다. 그들은 체력도, 지혜도, 믿음도 남들보다 뛰어난 사람들이었다. 그들은 모두 성령과 지혜가 충만하고, 칭찬 듣는 사람들이었을 것이다. 그런 그들이 가서 가나안 땅을 이리저리 둘러보고 돌아와서는 지도자 모세와 백성들 앞에서 보고를 했는데, 그때 10명의 사람이 같은 목소리를 냈다.

> 모세에게 말하여 이르되 당신이 우리를 보낸 땅에 간즉 과연 그 땅에 젖과 꿀이 흐르는데 이것은 그 땅의 과일이니이다 그러나 그 땅 거주민은 강하고 성읍은 견고하고 심히 클 뿐 아니라 거기서 아낙 자손을 보았으며 아말렉인은 남방 땅에 거주하고 헷인과 여부스인과 아모리인은 산지에 거주하고 가나안인은 해변과 요단 가에 거주하더이다 민수기 13:27~29

그러고는 그들은 평가를 했다. 사실만 보고하면 되는데, 자신의 의견을 크게 말한 것이다.

그와 함께 올라갔던 사람들은 이르되 우리는 능히 올라가서 그 백성을 치지 못하리라 그들은 우리보다 강하니라 하고 이스라엘 자손 앞에서 그 정탐한 땅을 악평하여 이르되 우리가 두루 다니며 정탐한 땅은 그 거주민을 삼키는 땅이요 거기서

차이나는 복의 클래스

본 모든 백성은 신장이 장대한 자들이며 거기서 네피림 후손인 아낙 자손의 거인들도 보았나니 우리는 스스로 보기에도 메뚜기 같으니 그들이 보기에도 그와 같았을 것이니라 민수기 13:31~33

그들은 자신들을 메뚜기와 같이 보았다. 가나안 땅에 있는 사람들은 장대한 사람 같았고 스스로를 메뚜기로 본 것이다. 그러면서 가지 말자고, 싸워보지도 못하고 죽을 거라고 말한다.

그런데 두 사람, 여호수아와 갈렙은 전혀 다른 보고를 한다. "그들의 말이 옳습니다. 다 맞는 이야기입니다. 그러나 하나님께서 우리와 함께하시기에 우리가 능히 그 땅을 취할 수 있습니다!"

그 땅을 정탐한 자 중 눈의 아들 여호수아와 여분네의 아들 갈렙이 자기들의 옷을 찢고 이스라엘 자손의 온 회중에게 말하여 이르되 우리가 두루 다니며 정탐한 땅은 심히 아름다운 땅이라 여호와께서 우리를 기뻐하시면 우리를 그 땅으로 인도하여 들이시고 그 땅을 우리에게 주시리라 이는 과연 젖과 꿀이 흐르는 땅이니라 다만 여호와를 거역하지는 말라 또 그 땅 백성을 두려워하지 말라 그들은 우리의 먹이라 그들의 보호자는 그들에게서 떠났고 여호와는 우리와 함께 하시느니라 그들을 두려워하지 말라 하나 민수기 14:6~9

같은 땅을 보고 왔는데 10명의 사람들은 자신들을 메뚜기로 보며 그들을 장대한 족속으로 평가했고, 여호수아와 갈렙은 자신들은 약하지만 하나님이 강하시니 오히려 그들이 자신들의 밥이 될 것이라고 평가했다. 영어 성경에 보니까 밥이라는 단어를 swallow로 표현했는데, 이는 '~을 삼키다, 꿀꺽 삼키다, 한 모금의 양'이란 뜻이 있다. 다시 말하면, 그깟 놈들이 그렇게 많고 강대해 보여도 우리가 한 모금에 삼킬 수 있다는 아주 도전적이고 긍정적이고 적극적인 표현인 것이다. 어떻게 이것이 가능할까? 두 사람은 내 힘이 아니라 하나님께서 함께하시기 때문임을 고백하고 있다.

그래서 이런 말이 가능하다. "사실보다 더 중요한 것은 사실을 보는 시각이다!" 모든 사람들이 바보라고 비난하는 에디슨이었지만 그의 어머니는 그를 바라보는 시각이 달랐다. 모든 사람들이 흑인들은 안 된다고 비난했지만 링컨 대통령이나 마틴 루터 킹 목사님의 시각은 달랐다. 우리 주변에는 나그네들도 많고 장애인들도 많이 있다. 중요한 것은 그들이 내 주위에 있다는 사실이 아니라 그들을 바라보는 근원적인 내 시각이다. 그 시각에 따라서 모든 것이 달라질 수 있기 때문이다.

여호수아와 갈렙은 그 계산에 하나님의 능력을 넣었다. 그러나 10명의 정탐꾼들은 하나님의 도우심을 계산에 넣지 않았다. 정탐꾼들의 보고가 끝나자 사람들이 술렁이기 시작했다. 만약 당신이 그 자리에서 정탐꾼들의 보고를 들었다면, 당신이 오늘날 이 시대의 기자들이었다면 어떻게 했겠는가? 10명의 말을 들을 것인가, 2명의 말을 듣겠는가?

다수가 진리처럼 되어버린 시대에 살다보니 옳고 그름의 판단 능력이 없어졌다. 왜 그렇게 인터넷 댓글 사건이 많이 나오는가? 아닌 줄 알면서 왜 자꾸 조작하고 거짓 댓글을 올려놓는가? 대한민국에서만 왜 유독 그런 일이 생

차이나는 복의 클래스

겨날까? 사람들이 생각을 하지 않아서다. 무엇이 옳고 그른지, 과연 그것이 나와 우리 자녀들에게 이로운 일인지 해로운 일인지를 생각하려고 하지 않는다. 그저 군중 심리에 휩쓸려 몰려다니며 여론 몰이에 공격을 당한다. 댓글이 많고 지지도가 높다고 하면 마치 나도 그렇게 생각해야 하는 것처럼 휩쓸려 버리는 것이다. 그게 바로 우리들이다.

다수의 편에 서야 하고 소수가 되면 역적이 되어 공격당할 것만 같은, 외롭고 소외되어 왕따를 당할 것 같은, 그래서 생각 없이 그저 많은 사람들이 가는 넓은 길로만 가려고 하는 어리석은 사람들! 아닌 것을 아니라고 말할 수 있는 용기도 없고, 스스로 판단하지 않고 눈치만 보다가 다수가 가는 쪽으로 따라가고 싶은 사람들! 그러니 정치하는 사람들이 이 어리석은 백성들 특히 대중의 흐름에 영향을 많이 받는 젊은 사람들을 공격하기가 좋은 것이다. 댓글을 많이 달아놓고, 선동하면 되니까! 돈을 들여서 사람들을 고용해서 다 그짓들을 한 거 아닌가! 그렇게 하는 사람들이나 그렇게 속아서 지지하는 사람들이나 똑같다.

구약시대에도 마찬가지였다. 10명이 안 된다고 소리를 내니까 여호수아와 갈렙이 그렇게 확신을 가지고 이야기하는데도 사람들은 듣지 않았다. 오히려 돌을 들어서는 믿음의 고백을 하는 여호수아와 갈렙을 공격했다. 여호수아와 갈렙은 외로웠다. 왕따를 당하고 답답했다. 너무 속이 상한 나머지 옷을 다 찢어버리고 마음을 찢는다. 그게 아니라고, 그게 아니라고! 그러나 그럴수록 사람들은 더욱더 여호수아와 갈렙을 비난했다. 그들은 그날 하나님의 뜻대로 살려고 애쓰다가 큰 수모를 당했다. 죽음의 위기를 만났고 온 가족이 비난을 받았다. "너의 아버지는 왜 그러시느냐, 네 남편이 미친 거 아니냐?"면서 온 가족이 비난을 받는다. 어쩌면 마을 공동체에서도 쫓겨날 위기에 처했다.

그러나 그들은 그 위기의 순간, 소외당하고 왕따 당하는 그 순간에 하나님을 생각했다. "다 몰라줘도 하나님만 알아주시면 되지!"

그렇게 40년의 세월이 지났다. 어떻게 되었는가? 그렇게 10명의 사람들을 지지하고 좋아하던 사람들, 하나님과 모세를 원망하던 사람들은 다 광야에서 죽었다. 200만 명의 사람들 중에 20세 이상 된 성인들은 다 죽었다. 병으로 죽고 늙어서 죽고 전쟁에서 죽고 싹 다 죽었다. 단 두 사람 여호수아와 갈렙만이 살아서 하나님께서 약속하신 가나안, 영적 천국에 들어간다.

예수님은 말씀하신다. "의를 위하여 박해를 받는 자는 복이 있나니 천국이 그들의 것임이라!"

하나님의 뜻 때문에 외로울 줄 알고, 왕따 당할 줄 알고, 가난할 줄 알았던 사람들이 결국 천국에 이르렀다. 지금은 댓글을 달고 정보를 조작해 흘려보내면서 국민들, 특히 생각하기 싫어하는 국민들을 여론 몰이로 혼란에 빠뜨릴 수 있다. 그러나 40년도 채 지나지 않아서 속인 자나 속은 자 모두 그 죄값을 모두 자신의 몸으로 받아야 함을 기억해야 한다.

그래서 우리는 늘 기도하고 또 기도해야 한다. 여론에, 친구들의 말에, SNS에 떠도는 말에 휩쓸리지 않고 기도하며 하나님의 뜻을 물어야 한다. 우리는 천국의 백성이기 때문에 다수에 따라가지 않고 소수가 된다고 하여도, 외롭고 손해를 보더라도 의로운 사람들을 따르며 하나님의 편에 설 수 있어야 한다.

구약시대에 여호수아와 갈렙이 있었다면, 신약시대에는 스데반이 있었다. 그는 초대교회의 일곱 집사 중에 한 사람으로서 성경은 스데반의 신앙적인 특징을 아주 다양하게 열거하고 있다. 사도행전 6장 이후를 보면 그는 성령과 지혜가 충만한 사람으로 소개된다. 성령 충만하면 좀 무식해 보이기도 할 것 같은데 그는 지혜까지 갖춘 사람이었다. 또 그는 사람들로부터 칭찬을 듣는, 충성스럽고 열심히 하는 사람이었다. 그는 믿음과 성령이 충만한 사람, 은혜와 권능이 충만한 사람이었다. 이뿐만이 아니다. 그는 큰 기사와 표적을 행하기도 하고 사람들 앞에서 담대하게 예수님이 하나님의 아들이시라고, 너희가 십자가에 못 박아 죽인 그분이 우리의 구원자이시며 우리의 주인이셨음을 선포하기도 했다.

그런데 그런 그가 사람들의 모함에 빠지게 된다. 그를 시기하는 사람들과 그의 생각과는 다른 생각을 가진 사람들의 모함에 걸려서 사형 선고를 받게 된 것이다. 스데반은 억울했다. 하소연을 하고 싶어도 할 곳이 없었다. 도와주는 이 하나 없는 외로운 신세가 되었다. 그렇지만 세상과 타협하면서 오래 살고 싶지도 않았다. 왕따 당한 스데반, 억울한 스데반! 그래서 그는 하늘만 우러러본다. 다수가 진리인 양 여론이 좋으면 그게 다 옳은 것처럼 착각하는 사람들을 바라보지 않고 그 힘든 순간에 의로우신 하나님을 바라보았다. 천국을 바라본 것이다. 스데반은 도저히 저 사람들을 볼 수가 없었다.

스데반은 헬라 문화 속에서 잘 자란 사람이었다. 배울 만큼 배웠고 가질 만큼 가졌다. 그러다가 예수를 믿게 되었는데, 어차피 믿을 바에야 제대로 믿기 위해 죽을힘을 다해 믿었다. 그러자 친구들이 떠나갔고 가족들도 떠나갔다.

남아 있는 재산도 다 팔아서 교회에 헌금하고 교회 식구들과 함께 살았다. 그러면서도 그는 믿음 안에서 신앙의 양심을 지키려고 발버둥쳤다. 그러다가 전도했다는 죄로 잡혀서 사형 선고를 받게 된 것이다.

그 소식을 듣고 평소에 스데반을 좋지 않게 보았던 사람들이 다 모여들었다. 거기에는 어릴 적 같이 자란 친구도 있었고, 이웃집 아저씨도 있었다. 스데반에게 신세졌던 사람이라고 없었겠는가? 바로 그 사람들에 의해 돌을 맞고 죽어간 스데반은 그 순간에도 그들을 쳐다볼 수 없었다. 그들이 누구인가? 자기와 함께 공부했던 사람들, 친구들, 선후배들이었다. 서로 마주앉아 식사를 했던 사람들이 오늘은 자기에게 돌을 던지고 있는 것이다. 그것도 죽으라고 힘을 다해 돌을 던지며 조롱하고 비난하고 야유를 보내고 있었다.

스데반은 참을 수 있었다. 참으려고 했다. 그런데도 너무 속상하고 답답했다. 견딜 수가 없어 눈을 뜰 수가 없었다. 그들을 바라보려니 너무 억울하고 너무 속상해서 눈을 둘 데가 없었다. 쳐다볼 사람도 없었다. 그래서 스데반은 하늘을 바라보았다. 다른 곳을 쳐다보지 않으려고, 자기에게 돌을 던지는 사람들을 쳐다보지 않으려고! 내 친구들과 식구들과 친척들, 내가 죽기를 바라는 저 사람들을 미워하지 않으려고 하늘을 바라보았다. 그것도 주목해서 바라보았다. 행여나 고개를 숙이고 사람들을 쳐다보다가 미워하는 감정이 일어날까 봐, 행여나 사람들을 쳐다보다가 하나님을 잊어버릴까 봐! 그렇게 그는 죽어갔다. 그런데 성경은 그의 죽음을 이렇게 기록하고 있다.

공회 중에 앉은 사람들이 다 스데반을 주목하여 보니 그 얼굴이 천사의 얼굴과 같

차이나는 복의 클래스

더라 사도행전 6:15

스데반이 성령 충만하여 하늘을 우러러 주목하여 하나님의 영광과 및 예수께서
하나님 우편에 서신 것을 보고 말하되 보라 하늘이 열리고 인자가 하나님 우편에
서신 것을 보노라 한대 사도행전 7:55~56

그는 하늘에만 소망을 두었다. 이 세상은 어차피 지나갈 것이란 걸 알았기
에 이 현실에 그렇게 연연해하지 않은 것이다. 그는 하나님의 뜻을 따르기 위
해 손해 봄을, 억울함을, 죽음을 선택했다. 여기에 그리스도인의 길이 있다.
예수님은 말씀하셨다. "의를 위하여 박해를 받는 자는 복이 있나니 천국이 그
들의 것임이라!" 스데반은 그토록 많은 사람들이 거부하던 하늘나라를 선택
했고 그곳에 들어간 사람이다. 그렇게 스데반은 죽어갔지만 죽어가면서 자
신의 뒤를 이을 제자 한 사람을 키웠다. 스데반의 죽음에 대하여 강한 의혹을
가진 한 사람을 만들었는데, 그가 바로 사도 바울이다.

바울은 스데반이 죽던 날 그 장소에 있었던 사람이었다. 함께 돌을 던지며
야유하고 조롱했던 사람이었다. 그런데 바울은 스데반의 얼굴을 보고 그의
기도를 들었다. 죽어가면서 돌을 던지는 그 사람들을 용서해달라고 하나님께
간구하는 스데반의 기도를 들었고, 그의 천사와 같은 밝은 얼굴을 보았다.

바울 서신을 연구하다가 얻게 되는 질문이 있었다. 어떻게 바울은 하늘에
대한 소망이 그렇게 강할 수 있었을까? 결론은 바로 이거였다. 그는 스데반
이 죽는 것을 보았던 것이다. 하늘을 우러러 주목하며 살던 그 스승을 본 것

이다. 세상 사람들의 눈치를 보지도 않고, 여론이나 다수에 휩쓸려 다니지도 않고, 외로워도 억울해도 손해 봐도, 죽으면서까지 하나님의 뜻을 선택했던 하늘의 사람 스데반을 떠올리며 산 것이다.

바울은 골로새서에서 이를 강하게 표현하고 있다.

그러므로 너희가 그리스도와 함께 다시 살리심을 받았으면 위의 것을 찾으라 거기는 그리스도께서 하나님 우편에 앉아 계시느니라 위의 것을 생각하고 땅의 것을 생각하지 말라 이는 너희가 죽었고 너희 생명이 그리스도와 함께 하나님 안에 감추어졌음이라 골로새서 3:1~3

♪ 너희가 예수와 다시 살았으니 위의 것을 구하라

거기는 주께서 하나님 우편에 앉아계시느니라

위의 것을 생각하고 땅의 것을 생각 말라

이는 네가 예수 따라 새 생명 얻었음이라

_ 골로새書 中

스데반은 그날 자기를 죽이는 자들을 보지 않았다. 그들은 과거에 같이 가던 동지들이었지만 '야! 네가 어떻게 그럴 수 있냐? 네가 나에게 돌을 던지다니!'란 생각을 하지도 않았다. 아무도 보지 않고 생각하지도 않았다. 오직 하늘만을 우러러보았다. 그렇게 의를 위하여 박해를, 고난을, 억울함을, 손해 봄을, 죽음을 선택한 그는 천국의 백성이 되었고 존경받는 초대교회의 대표적인 인물이 되었다. 예수님은 말씀하셨다. "하나님의 뜻을 이루기 위하여 박해를 선택한 자는 복이 있나니 천국이 그들의 것임이라!"

역사 속에서 다수를 따르지 않고 하나님의 뜻에 서서 살다가 외롭게 죽어가며 하늘을 상속받은 사람은 너무나 많다. 썬다싱, 리빙스턴, 슈바이처, 퀴리부인, 링컨, 손양원, 주기철, 전덕기 등등. 셀 수 없이 많은 믿음의 영웅들이 그 뒤를 따랐다.

오늘 우리는 이 질문 앞에 서 있다.

"나는 하나님의 뜻에 선 사람인가, 아니면 사람들의 편에 선 사람인가?"

이 땅이 전부인 것처럼, 오늘 여기가 최고인 것처럼 착각하며 불행을 선택하는 우리들에게 주님은 말씀하신다. 머뭇거리며 주저하는 우리들에게 오늘도 예수님은 말씀하신다.

"의를 위하여 박해받는 것을 선택할 수 있니?"

"하나님의 뜻을 위하여 손해 볼 수 있니?"

천국은 아무나 가는 곳이 아니다. 천국에 들어가는 사람들은 따로 있다. 믿음의 눈이 열리고, 하나님을 사랑하고 이웃을 사랑하기에 외롭더라도, 억울하더라도, 손해가 많이 있어도, 비록 죽음이 앞에 있다 해도 진리의 편에 설 수 있는 사람들! 그들은 행동으로 믿음을 증명한 사람들이다. 비록 손해가 있다 하여도 신앙의 양심을 따라 하나님의 뜻을 선택해서 천국을 차지할 수 있는 당신이 되기를 주님의 이름으로 축원한다.

●

하나님의 선물

예수님의 수제자 중에 한 사람인 사도 요한은 하나님의 별명을 '사랑'이라고 지었다. '하나님!' 하면 사랑이 생각난다고, 하나님같이 사랑이 많으시고 지속적이신 분이 없다고. 보통 사람들은 'give and take', 주고받는 것에 익숙하고 손해날 것 같으면 안 하지만 하나님은 일방적으로 늘 손해를 보시면서도 사랑의 강물을 멈추지 않으시고 흘려보내신다고 해서 '사랑'이라고 지었다.

하나님은 사랑이시다. "God is Love!"

대통령이나 서울시장은 나를 몰라도 하나님께서는 사랑이시기에 나를 아주 자세히 알고 계신다. 부모님도 나의 변화를 잘 모를 때가 있고 친구들이나 교인들과 목사님도 나를 잘 모를 때가 많지만 하나님만은 여전히 나의 가장 좋은 후원자요 보호자요 인도자가 되신다.

내가 좋아하고 늘 마음에 생각하는 말씀 가운데 하나가 로마서 8장 35절 이후의 말씀이다.

누가 우리를 그리스도의 사랑에서 끊으리요 환난이나 곤고나 박해나 기근이나 적
신이나 위험이나 칼이랴 기록된 바 우리가 종일 주를 위하여 죽임을 당하게 되며
도살 당할 양 같이 여김을 받았나이다 함과 같으니라 그러나 이 모든 일에 우리를
사랑하시는 이로 말미암아 우리가 넉넉히 이기느니라 내가 확신하노니 사망이나
생명이나 천사들이나 권세자들이나 현재 일이나 장래 일이나 능력이나 높음이나
깊음이나 다른 어떤 피조물이라도 우리를 우리 주 그리스도 예수 안에 있는 하나
님의 사랑에서 끊을 수 없으리라 로마서 8:35~39

참 살기 힘들다는 것이다. 도살 당한 양 같이 이러지도 못하고 저러지도 못
하고 꼼짝없이 망하게, 죽게 되었다는 것이다. 편안하지 않고 힘들고 불안하
다는 것이다. 그런데 바울은 그 상황에서 힘을 주시는 예수님이 계심을 고백
한다. 그분의 사랑이 아슬아슬하고 조마조마한 그 순간에도 끊어지지 않고
버텨준다고 고백하고 있다.

"만일 하나님이 우리를 위하시면 누가 우리를 그리스도의 사랑에서 끊으
리요!"

하나님께서 우리를 위하시는 것이 너무나 확실하기에 그 사랑의 줄이 끊
어지지 않는다는 것을 믿어라! 환난 속에서도, 곤고함이나 박해나 기근이나
가난이나 위험이나 협박 앞에서도 끊어지지 않는다는 것을 믿어라!

세상의 모든 줄은 다 끊어진다. 대통령의 인맥도, 국회의원의 인맥도, 가
족의 혈연도 다 끊어진다. 그러나 하나님께서 우리를 향하신 사랑의 줄은 끊
어지지 않는다.

이 같은 사랑에 대한 믿음이 우리를 참 행복하게 한다. 왜 분노하고 우울해지고 짜증나고 질투하게 되는지 아는가? 채워지지 않는 허전함과 사랑, 즉 사랑의 결핍 때문이다. 그래서 어렸을 때부터 아이들을 많이 사랑해주고 격려와 배려 속에 키우라고 하는 것이다.

교육학 박사인 레스 카터는 우울증과 분노에 대한 전문가다. 그가 이야기하는 것 중 하나가 '분노는 채워지지 않는 욕구에서 자라난다'는 것이다. 특별히 사랑의 욕구가 채워지지 않으니까 그게 우울증이 되고 분노가 된다는 것이다. 배가 고프면 허기지고 밥을 먹고 싶은 것처럼 어릴 때의 성장 과정에서, 아니면 청소년기나 성인의 시기나 결혼 후에라도 공급되어야 할 사랑이 공급되지 않으면 허기를 느낀다는 이론이다.

어릴 때 젖배 곯은 아이들이 평생 밥을 많이 먹으려 하고 대식가가 되어 밥 중독, 탄수화물 중독이 되는 경향이 있는 것처럼 어릴 때 사랑이 제때 공급되지 않은 사람들은 분노와 우울증 혹은 정서불안을 많이 겪게 된다.

우리 주변에도 그런 사람들이 있다. 일찍 부모님을 여의었다거나, 배우자가 사망을 했다거나, 사랑하는 사람이 일찍 떠나 상처를 받은 사람들은 그 채워지지 않는 허전함을 지니고 살게 된다. 받아야 할 사랑을 다 못 받았기 때문이다. 그런 사람들은 자기 통제와 자기 절제가 잘 안 된다. 시기 질투도 많고, 자주 우울해졌다가 화가 났다가 한다.

왜 그러는가? 그러지 말라고 해서 그러지 않을 수 있는 게 아니다. 사랑의 결핍 때문이다. 누군가 내 부족한 사랑을 채워주지 않으니까 스스로라도 나를 사랑해야 되는 것이다. 그래서 이기적이게 되고, 내 몸만 위하게 된다. 자

차이나는 복의 클래스

녀도 배우자도 주변 사람들도 부모도 다 눈에 들어오지 않고 오직 자기 자신만을 바라보게 된다. 이는 모두 다 채워져야 할 사랑이 채워지지 않았기 때문이다.

이 결핍은 평생 채워질 수 있는 것이 아니다. 그냥 인정하고 데리고 살아야 한다. 채워지지 않은 사랑을 보상받으려고 하지 말고, 특별히 사람들의 한계 많은 사랑을 갈구하지 말고 무한하신 하나님의 사랑을 확신하자.

그래서 둘 중에 하나다. 사랑의 결핍이 있는 사람들이 외로워하고 우울해하고 자꾸 채우려고 자기 사랑에 빠지든지, 아니면 그와 반대로 믿음으로 극복하고 일어서서 나를 사랑하시는 하나님의 사랑을 확신하며 오히려 강하고 담대하게 사랑하며 살아가든지!

당신은 어떠한가? 다른 사람들의 사랑을 그리워하며 우울해하고 자기 사랑과 자기 연민에 빠져 사는가, 아니면 하나님께서 사랑해주시는 사랑을 경험하면서 행복하게 살고 있는가?

♪ 이 세상의 친구들 나를 버려도 나를 사랑하는 이 예수뿐일세

예수 내 친구 날 버리잖네 온 천지는 변해도 날 버리지 않네

_ 이 세상의 친구들 中

그때 내가 사랑받지 못하긴 했지만, 그래서 서운하고 서럽고 외롭고 잘 자라지는 못했지만 지금 내게는 나를 사랑해주는 사람들이 있고 교인들, 목회자들 그리고 하나님이 계심을 기억하자.

유월절 전에 예수께서 자기가 세상을 떠나 아버지께로 돌아가실 때가 이른 줄 아시고 세상에 있는 자기 사람들을 사랑하시되 끝까지 사랑하시니라 요한복음 13:1

It was just before the Passover Feast. Jesus knew that the time had come for him to leave this world and go to the Father. Having loved his own who were in the world, he now showed them the full extent of his love.

'Having loved', 예수님께서는 지금도 사랑이 진행 중인 분이시다. 또한 'the full extent of his love'는 '그의 사랑의 넓이, 한도를 끝까지 펼쳐서'란 의미이다. 그러니까 '한도 끝까지 사랑하시니라'는 말은 내가 비록 어릴 때 사랑받지 못했고, 결혼해서도 사랑받지 못하고, 자녀들에게 인정받고 효도 받지 못할지라도 하나님께서는 나를 그분의 사랑의 한도 끝까지 그분의 사랑이 닳아 없어지는 그 순간까지라도 사랑하신다는 말이다.

이같이 사랑을 받는다는 확신이 나를 참 행복하게 한다. 사랑받고 있음을 의심하지 말자. '하나님께서는 나를 제일 예뻐하신다!'란 사실을 잊지 말자. 어느 날 문득 생각해보면 감당할 수 없는 큰 축복 가운데 살고 있음을 깨닫게 될 것이다.

♪ 너무나 큰 사랑 감당키 어려워요
나는 주님이 좋아요 나는 주님이 좋아요

차이나는 복의 클래스

은혜의 큰 강물이 내 몸에 흘러요

_동일하신 주님 中

이렇게 우리를 사랑하시는 하나님께서는 우리들에게 좋은 선물들을 많이 주고 싶으셔서 이 땅에 아들 예수 그리스도를 보내시고 그분을 믿고 따르는 사람들에게 많은 선물들을 주신다. 예수님은 그 선물을 궁금해 하는 우리들에게 가져오신 선물들의 목록을 공개하셨는데, 그것이 바로 마태복음 5장 3절~10절에 나오는 팔복이다. 여덟 가지의 선물 목록! 이 팔복을 받기를 사모하는 여러분이 되길 바란다. "내게도 주소서!"

그런데 예수님은 이 선물을 아무에게나 주시지 않는다. 마태복음 5장 1절은 이렇게 시작하고 있다.

예수께서 무리를 보시고 산에 올라가 앉으시니 제자들이 나아온지라 마태복음 5:1

많은 사람들이 모여들었다. 그 많은 사람들이 예수님을 따라오려고 할 때 예수님께서는 따로 산에 올라가셨다. 제자들이 모인 바로 그곳에서 가르치신 것이 아니라 장소를 이동하셨다는 것이다. 열정 없는 사람도, 구경꾼도 못 따라온다. 예수님을 닮고 싶어 하는 사람들만이 따라 올라갈 수 있다. 성경은 그 사람들을 '제자'라고 부른다.

예수님께서 말씀하신 이 산상수훈은 일반 사람들에게 하신 이야기가 아니란 것이다. 누구나 다 듣고 따를 수 있는 것이 아니라는 것이다. 적어도 힘들지만, 어렵지만, 손해 볼 수도 있지만 그래도 산에 따라 올라갈 정도로 예수님을 가까이 모시고 싶고 닮고 싶어 하는 사람들에게 주시는 음성이라는 것이다. 예수님은 그 제자들에게 말씀하셨다. 여러분도 그 제자들 중 한 사람이 되길 주님의 이름으로 축원한다.

차이나는
복의
클래스

초판 1쇄 발행 | 2019년 1월 24일
8쇄 발행 | 2022년 10월 21일

지 은 이 | 이구영

펴 낸 이 | 최광식
펴 낸 곳 | 나무&가지
책임편집 | 지은정
북디자인 | 김한희
마 케 팅 | 임지수, 김영선
등록번호 | 제 2017-000048호
주   소 | 서울시 서초구 강남대로 455, A동 511호
편 집 부 | 전화 02-532-9578
이 메 일 | sevenpoweredu@gmail.com

ISBN 979-11-960755-5-2 03230

이 도서의 국립중앙도서관 출판예정도서목록(CIP)은 서지정보유통지원시스템(http://seoji.nl.go.kr)과
국가자료종합목록(http://www.nl.go.kr/kolisnet)에서 이용하실 수 있습니다.
(CIP제어번호 : CIP2019001501)